French Plus

Moira Farrelly
Wendy Rydzkowski

Series Editor: Kate Corney

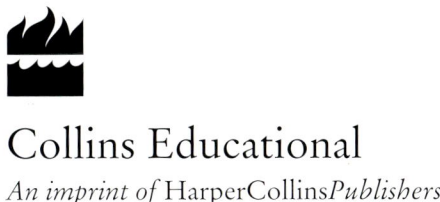

Collins Educational
An imprint of HarperCollinsPublishers

Published by Collins Educational
An imprint of HarperCollins*Publishers* Ltd
77–85 Fulham Palace Road
London W6 8JB

© HarperCollins*Publishers* Ltd 1997

First published 1997
Reprinted 1997 (thrice), 2002
ISBN 0 00 320234 8

Moira Farrelly and Wendy Rydzkowski assert the moral rights to be identified as the authors of this work.

All rights reserved. No part of this publication may be reproduced, stored in a retrieval system, or transmitted in any form or by any means, electronic, mechanical, photocopying, recording or otherwise, without either the prior permission of the Publisher or a licence permitting restricted copying in the United Kingdom issued by the Copyright Licensing Agency Ltd, 90 Tottenham Court Road, London W1P 9HE.

British Library Cataloguing in Publication Data
A catalogue record for this book is available from the British Library.

Edited by Philippa Bowley
Design by Bob Vickers
Cover design by Christie Archer
Picture research by Victoria Millar
Production by Delphina Kitson-Mills-Jones

Printed and bound in Hong Kong

Illustrations by Hemesh Alles/Maggie Mundy Illustrators' Agency (pp. 7, 8, 16, 17, 20, 23, 27, 39, 40, 51, 54, 58, 61, 70-71, 72); Kathy Baxendale (pp. 30, 45, 46, 47, 48, 53, 57, 60, 73, 79); Peter Brown/Maggie Mundy Illustrators' Agency (pp. 8, 20, 22, 28, 29, 33, 34, 35, 36, 40, 46, 52, 66, 67, 76, 79); Michael Brownlow (p.47); Jane Eccles (pp. 9, 18, 29, 33, 37); Ian Heard (pp. 11, 16, 45, 68, 73); Mike Ormond/Micrographies(pp. 26-27).

Photographs by: © Wallace and Gromit/Aardman Animations Ltd 1993 p.6; Allsport pp.6 (bottom right), 23, 27, 39, 41,76 (Alesi), 78; Tim Booth pp.7 (right), 11, 14 (coca-cola, orangina, coffee, ham sandwich), 20, 23 (nurse, policewoman), 33 (station, post office), 38 (top left, top right, centre left, bottom), 48, 51 (policeman, secretary, teacher, male nurse, saleswoman), 59, 64, 65, 66, 69, 77; Colorific p.23; James Davis Travel Photography p.25 (bottom left and right); Eye Ubiquitous/J.C. Pasieka p.44 (bottom right); Keith Gibson p.57; Rex Features Ltd. pp.6 (top, bottom left, centre right), 76; David Simson pp.7 (left and centre), 13, 14, 15, 19, 25 (top and centre), 33, 38 (top centre), 39, 44, 51, 66 (estate agent).
Cover photograph : Allsport UK Ltd.

Acknowledgements

Bernard Dyer of The Howard School, Rainham, Kent for reviewing the material.
Graham George and Graham Kendall of the Northern Examinations and Assessment Board for their support during the production of this book.
Martine Pillette for checking the manuscript.
The students, staff and headteacher at Highfield Special School, Tyldesley and the staff and students at Greenhall School, Hope School and Pemberton Community High School, Wigan.
Map extract on page 32 reproduced with permission of Michelin; © Michelin, from Plan No. 10, 22nd edition 1996. Authorization no. 9612608.

Every effort has been made to contact the holders of copyright material. The Publishers will be pleased to make the necessary arrangements with any copyright holders whom it has not been possible to contact.

Contents

	Glossary of instructions	4
Unit 1	**Salut!**	6
Unit 2	**Au café**	13
Unit 3	**Au collège**	19
Unit 4	**Ma ville**	25
Unit 5	**Le bon chemin**	32
Unit 6	**Temps libre**	38
Unit 7	**Le temps**	44
Unit 8	**Au travail**	50
Unit 9	**Les vêtements**	57
Unit 10	**Chez moi**	63
Unit 11	**On fait les courses**	69
Unit 12	**Au téléphone**	75

Glossary of instructions

A
A tour de rôle — In turn
A vous! — It's your turn!
En anglais — In English
Avec la bonne voix — With the right voice

B
Remplissez les blancs — Fill in the spaces
La bonne lettre — The right letter
Le bon numéro — The right number

C
Dans votre cahier — In your exercise book
C'est quelle personne? — Who is it?
Changez de rôle — Swap roles
Changez les mots en rouge — Change the words in red
Choisissez la bonne réponse — Choose the right answer
Classez les mots en 2 familles — Classify the words in 2 groups
Cochez — Tick
Complétez les dialogues — Complete the dialogues
Complétez les phrases — Complete the sentences
Comme — Like
Comparez vos réponses — Compare your answers

D
Dans votre cahier — In your exercise book
Décidez — Decide
Décrivez — Describe
Demandez à votre partenaire — Ask your partner
Dessinez — Draw
Donnez une liste à votre partenaire — Give your partner a list

E
Ecoutez la cassette — Listen to the cassette
Ecoutez et répétez — Listen and repeat
Ecrivez les dialogues — Write out the dialogues
Ecrivez une liste — Write out a list

F
Faites correspondre — Match up
Faites un sondage — Do a survey
En français — In French

G H I
Recopiez la grille — Copy out the grid
Inventez un dialogue — Invent a dialogue

J K L
Jouez le dialogue
Lisez la lettre
Recopiez la liste
Lentement

M N O
Notez les noms
Notez les numéros
Notez: vrai ou faux?
Dans le bon ordre

P
Par ordre alphabétique
Par ordre de préférence
Parlez
Avec votre partenaire
Regardez la photo
Indiquez la bonne photo
Posez la question à cinq personnes
Pour inventer un nouveau dialogue
Pour vérifier

Q
C'est quelle personne?
Qui parle?

R
Recopiez les dessins
Recopiez les phrases en bleu
Recopiez votre dialogue
Regardez la liste
Regardez le dessin
Regardez les photos
Remplissez les blancs
Répondez
Répétez le bon dialogue
Répétez le dialogue avec votre partenaire

S
Sans les mots en rouge

T
Traduisez en anglais
Travaillez à deux
Trouvez

U V W X Y Z
Vérifiez
Vrai ou faux?

J K L
Act out the dialogue
Read the letter
Copy out the list
Slowly

M N O
Write down the names
Write down the numbers
Write down: true or false?
In the right order

P
In alphabetical order
In order of preference
Talk, speak
With your partner
Look at the picture
Point to the right picture
Ask five people the question
To invent a new dialogue
In order to check

Q
Who is it?
Who's speaking?

R
Copy the drawings
Copy out the sentences in blue
Copy out your dialogue
Look at the list
Look at the drawing
Look at the pictures
Fill in the spaces
Answer
Repeat the correct dialogue
Repeat the dialogue with your partner

S
Without the words in red

T
Translate into English
Work in pairs
Find

U V W X Y Z
Check
True or false?

Salut!

UNIT 1

Objectives

You will learn:
Objective 1 to give your name.
Objective 2 to give your age.
Objective 3 to talk about your family.
Objective 4 to talk about your pets.

UNIT 1

Objective 1
to give your name

1 Ecoutez. Qui parle? Notez les noms.

Je m'appelle Nicole.

Je m'appelle Colette.

Je m'appelle Sylvie.

Exemple *1 = Nicole.*

2 a Regardez les dessins et écoutez. C'est quelle famille?

A

B

C

b Ecoutez et répétez:
  i après les filles
  ii après les garçons.

3 a Ecoutez et répétez le dialogue.

b Travaillez à deux. Jouez le dialogue.

c Ecrivez le dialogue.

> Bonjour.
> **Bonjour. Comment t'appelles-tu?**
> Je m'appelle... Et toi?

4 Regardez les noms et écrivez.
Exemple: *1 Je m'appelle Batman.*

1 **Batman**
2 **Bart Simpson**
3 **Fred Flintstone**

Rappel
Et toi? = And you?
Je m'appelle...
= My name is...

Objective 2
to give your age

 **1** a Ecoutez et trouvez le joueur.
Exemple: *Le numéro 13 = Dugarry.*

b Ecoutez et trouvez le numéro:
Exemple: *Je m'appelle Dugarry = 13.*

 2 a Jouez à la loterie! Ecoutez. Qui gagne?

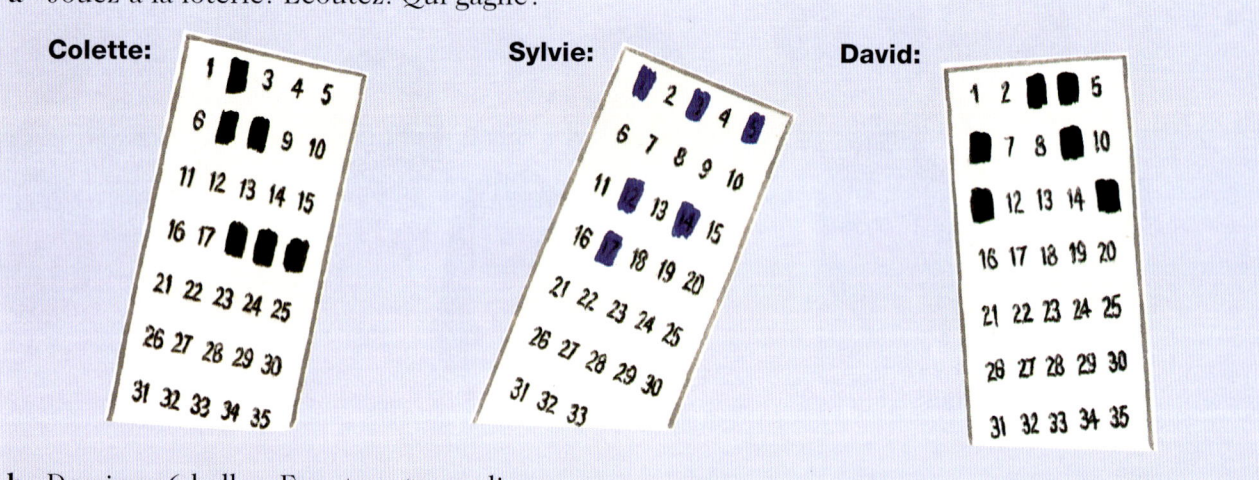

Colette: **Sylvie:**   **David:**

 b Dessinez 6 balles. Ecoutez et remplissez.
Exemple: ②〇〇〇〇+〇.

 c Jouez à la loterie! Ecrivez six numéros. Ecoutez.

 3 Travaillez avec votre partenaire. Complétez les phrases. A tour de rôle!

a **1, 2, 3, 4, ___, ___, 7, ___, ___, 10.**

b **2, 4, 6, ___, 10.**

c **1, 3, ___, ___, ___, 11.**

d **11, 12, 13, ___, ___, ___.**

Rappel
Travaillez = work
A tour de rôle = In turn

UNIT 1

4 Recopiez les phrases: vrai (✓) ou faux (✗)?
Exemple: Il y a huit balles à la loterie. ✗

a Il y a onze joueurs dans une équipe de football.

b Il y a six personnes dans le groupe Oasis.

c Il y a quatorze personnes dans votre classe.

5 Ecrivez les numéros dans le bon ordre.

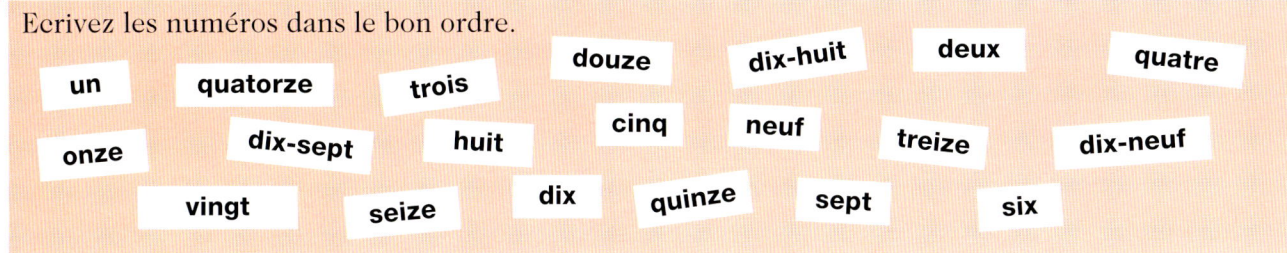

un   quatorze   trois   douze   dix-huit   deux   quatre
onze   dix-sept   huit   cinq   neuf   treize   dix-neuf
vingt   seize   dix   quinze   sept   six

6 Lisez le dialogue.

a Quel âge a:
   i Colette?
   ii Nicole?
   Exemple: *David a 16 ans.*

 b Ecoutez et répétez le dialogue.

c Jouez le dialogue par groupes de 3.

d Recopiez le dialogue.

e Inventez un dialogue par groupes de 3. Changez les mots en rouge.

David: Bonjour. Comment t'appelles-tu?
Nicole: Je m'appelle Nicole. Et toi?
David: Je m'appelle David. J'ai 16 ans. Quel âge as-tu?
Nicole: J'ai 15 ans.
Colette: Moi, je m'appelle Colette. J'ai 16 ans!

7 Regardez le dessin.

a Inventez le dialogue.

b Ecrivez le dialogue dans votre cahier.

Rappel
joueurs = players
une équipe de football = a football team

Objective 3
to talk about your family

1   a   Ecoutez et lisez le dialogue.

Tu as des frères et des sœurs?

J'ai un frère. → Comment s'appelle-t-il? → Il s'appelle Luc. → Quel âge a-t-il? → Il a ... ans.

J'ai une sœur. → Comment s'appelle-t-elle? → Elle s'appelle Julie. → Quel âge a-t-elle? → Elle a ... ans.

   b   Répétez le dialogue.
   c   Recopiez le dialogue.

2   Ecoutez la cassette.
Recopiez les phrases et remplissez les blancs.
Exemple: *1 Je m'appelle Colette.*

2   J'ai un _____ . Il s'appelle Albert.
3   Il a _____ ans.
4   J'ai _____ sœur. Elle _____ Stéphanie.
5   Elle a _____ ans.

3   a   Regardez l'arbre généalogique d'Eric Cantona.
   b   Dessinez un arbre généalogique pour votre famille.

```
                    Eléanor + Albert
          ┌──────────────┼──────────────┐
    Eric + Isabelle   Joël + Isabelle   Jean-Marie + Catherine
      ┌───┴───┐            │                      │
  Raphaël  Joséphine      Julia                  Théo
```

Rappel
l'arbre généalogique = family tree

UNIT 1

Objective 4
to talk about your pets

1
a Ecoutez et indiquez (☞).
b Ecoutez et répétez le nom des animaux que vous aimez.

1   2   3   4   5   6

2

Tu as des animaux? A
Oui, j'ai un chien. B
Oui, j'ai deux hamsters. C
Non, je n'ai pas d'animaux!

a Regardez les dialogues. Qui parle?
b Ecoutez et répétez les dialogues avec la bonne voix.

A   B   C

Tu as des animaux?
Oui, j'ai trois _____ .
Oui, _____ six _____ .
Oui, j'ai _____ _____ et _____ _____ !

3 Jouez le dialogue avec votre partenaire.

4 a Lisez la lettre et répondez aux questions.
   i   Where does Nicole live?
   ii How old is Nicole?
   iii What is Nicole's sister's name?
   iv Does Nicole have a brother?
   v   What pets does she have?

b Ecrivez une lettre. Changez les mots en rouge.

Salut David!
   Je m'appelle **Nicole**. J'habite **à Paris en France**. J'ai **quinze** ans.
   J'ai **une sœur** - elle s'appelle **Laure**. Elle a **deux** ans.
   Je n'ai pas de frères mais j'ai **un chien** - il s'appelle **Bruno**.
   Et toi? Tu as des frères et des sœurs? Tu as des animaux?

Rappel
que vous aimez = which you like

Le sommaire

Objective 1: **to give your name**

Comment t'appelles-tu?	What's your name?
Je m'appelle...	My name is...

Objective 2: **to give your age**

Quel âge as-tu?	How old are you?
J'ai 15 ans.	I'm 15 years old.
Et toi?	And you?

un	one	six	six	onze	eleven	seize	sixteen
deux	two	sept	seven	douze	twelve	dix-sept	seventeen
trois	three	huit	eight	treize	thirteen	dix-huit	eighteen
quatre	four	neuf	nine	quatorze	fourteen	dix-neuf	nineteen
cinq	five	dix	ten	quinze	fifteen	vingt	twenty

Objective 3: **to talk about your family**

Tu as des frères et des sœurs?	Do you have brothers and sisters?
J'ai un frère.	I have one brother.
Je n'ai pas de frères.	I don't have any brothers.
Comment s'appelle-t-il?	What's his name?
Il s'appelle...	His name is...
Quel âge a-t-il?	How old is he?
Il a... ans.	He is... years old.
J'ai une sœur.	I have one sister.
Comment s'appelle-t-elle?	What's her name?
Elle s'appelle...	Her name is...
Quel âge a-t-elle?	How old is she?
Elle a... ans.	She is... years old.

Objective 4: **to talk about your pets**

Tu as des animaux?	Do you have a pet?
Oui, J'ai...	Yes, I have...

un chien	a dog	un poisson	a fish
un chat	a cat	un lapin	a rabbit
un oiseau	a bird	un hamster	a hamster

Non, je n'ai pas d'animaux.	No, I don't have a pet.

Au café

UNIT 2

Objectives

You will learn:

Objective 1 to understand a café menu.
Objective 2 to order a snack and a drink.
Objective 3 to ask for and pay the bill.

UNIT 2

Objective 1
to understand a café menu

1 a Regardez la carte.
  b Ecoutez et notez les commandes.
  Exemple: a 4
  b ☐
  c ☐
  d ☐
  e ☐

 1 un coca
 2 un orangina
 3 une bière
 4 un café (crème)
 5 un thé au lait

6 un hot-dog
7 une pizza
8 des frites
  9 un sandwich au jambon

2 a Regardez les photos.

 1
 2
 3
 4

  b Ecoutez et notez les commandes de:
   i Marc
   ii Sophie
   iii Philippe
   iv Hélène.
  Exemple: *Marc = 2.*

3 a Ecoutez et répétez les snacks et les boissons que vous aimez. ♥
  b Ecoutez et répétez les snacks et les boissons que vous n'aimez pas. ✗

4 a Recopiez la carte. Ecrivez deux listes.
  b Recopiez la carte en anglais.

bon pour la santé	pas bon pour la santé
un sandwich	des frites

Rappel
  bon pour la santé = good for one's health
  pas bon pour la santé = not good for one's health

Objective 2
to order a snack and a drink

 **1** Qui parle?
Exemple: *1= le serveur.*

Bonjour. Vous désirez?			
Je voudrais	un coca un orangina une bière un café-crème un thé au lait	un hot-dog une pizza des frites un sandwich au jambon	s'il vous plaît.

 **2** a Ecoutez et répétez:
  i la commande de Marc
  ii la commande de Sophie.

b Jouez le dialogue par groupes de 4.

c Inventez un dialogue par groupes de 4.

 3 a Remplissez les blancs et recopiez le dialogue dans votre cahier.

Le serveur: Bonjour. Vous désirez?

Marc: Je voudrais une _____, s'il vous plaît.

Hélène: Je _____ un _____, s'il vous plaît.

Sophie: _____ voudrais _____ hot-dog, s'il vous plaît.

 Travaillez à deux.
Vous êtes serveur/serveuse! Ecrivez la commande de votre partenaire.
Exemple: *une pizza, des frites, un coca.*

Changez de rôle.

5 Dessinez un menu pour enfants.

Rappel
serveur/serveuse = waiter/waitress

UNIT 2

Objective 3
to ask for and pay the bill

– Boissons –	
un coca	10f
un orangina	10f
une bière	12f
un café (crème)	6f (8f)
un thé au lait	7f
– Snacks –	
un hot-dog	12f
une pizza	20f
un sandwich au jambon	10f
des frites	12f

1 a Regardez la carte et écoutez.

b Ecoutez et répétez.

2 Ecoutez et notez les commandes:
  i en français
  ii en anglais.

Exemple: *1 Marc = une pizza et un coca (a pizza and a coca-cola).*

  3

A un coca
   ? francs

B un thé au lait
   ? francs

C une bière
   ? francs

D un orangina
   ? francs

E un café crème
   ? francs

Ecoutez. C'est combien?
Exemple: *A = 10f.*

 **4** a Ecoutez le dialogue.

> Marc: L'addition, s'il vous plaît.
> Le serveur: Oui... un hot-dog, 12f, et un thé au lait, 7f, ça fait 19f.
> Marc: 19f?
> Le serveur: Oui, 19f.

b Jouez le dialogue avec votre partenaire. Changez de rôle.

 5 Ecrivez des dialogues 'au café':

a pour votre sœur – elle est végétarienne.

b pour votre ami(e) – il/elle a 20 francs.

c pour votre professeur – il/elle est gourmand(e)!

Rappel
  gourmand(e) = greedy

Le sommaire

Objective 1: **to understand a café menu**

un coca	a coca-cola
un orangina	an orangina
une bière	a beer
un café (crème)	a coffee (with cream)
un thé au lait	a tea with milk
un hot-dog	a hot-dog
une pizza	a pizza
des frites	some chips
un sandwich au jambon	a ham sandwich

Objective 2: **to order a snack and a drink**

La carte, s'il vous plaît.	Can I have the menu, please.
Vous désirez?	What would you like?
Je voudrais. . .	I'd like. . .

Objective 3: **to ask for and pay the bill**

L'addition, s'il vous plaît.	Can I have the bill, please.
Ça fait 15f.	That will be 15 francs.

Je voudrais un thé au lait

Au collège

UNIT 3

Objectives

You will learn:

Objective 1 to talk about the school subjects you do.
Objective 2 to express an opinion about school subjects.
Objective 3 to write your own school timetable.

Objective 1
to talk about the school subjects you do

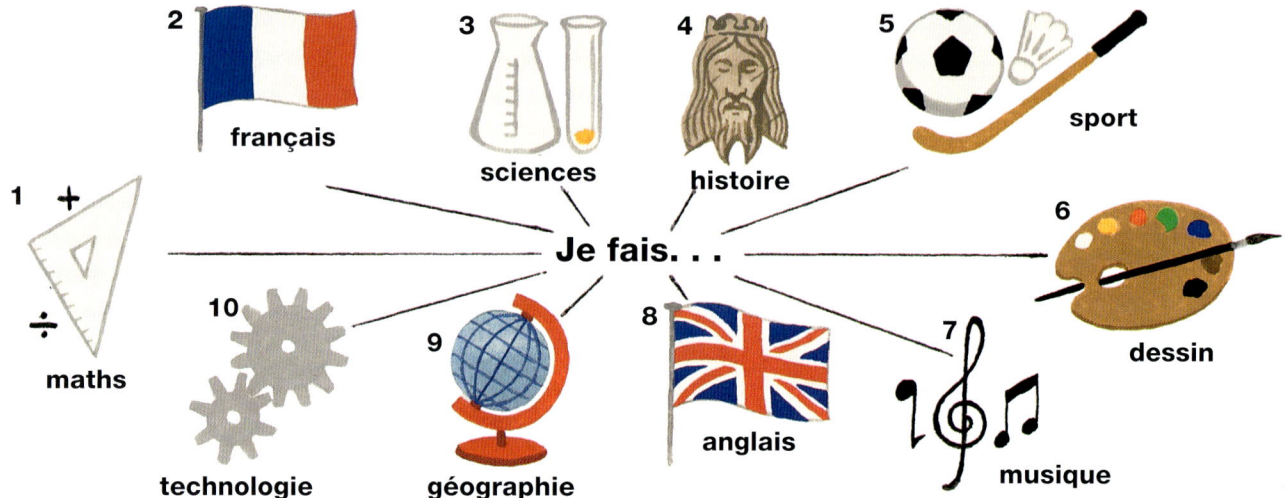

   a   Recopiez les noms. Ecoutez et notez le numéro des matières.
Exemple: *Colette = 2.*

Sylvie =   **Nicole =**   **Paul =**   **Luc =**   **Pascale =**

Laure =   **Simon =**   **David =**   **Anne =**

b   Ecoutez et répétez les matières que vous faites.

   Regardez la liste et notez:

a   les matières que vous faites aujourd'hui

b   les matières que vous faites demain.

   a   Ecoutez et répétez:
   i avec enthousiasme
   ii sans enthousiasme.

b   Jouez le dialogue avec votre partenaire.

c   Inventez un dialogue. Recopiez le dialogue.

Rappel
les matières = subjects
aujourd'hui = today
demain = tomorrow

Objective 2
to express an opinion about school subjects

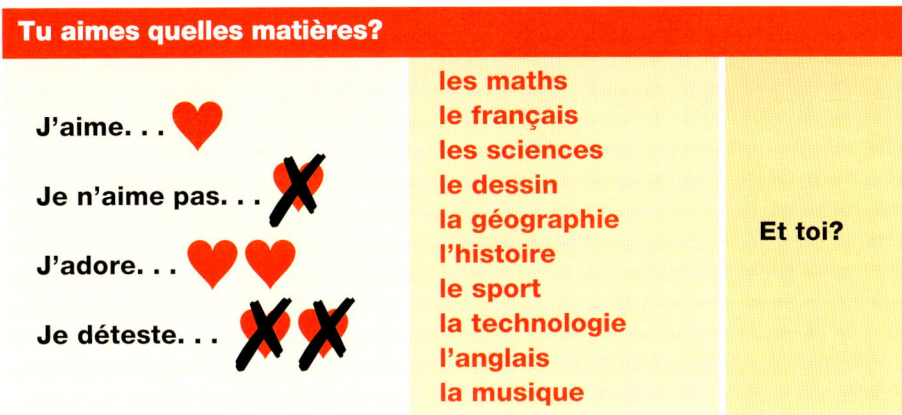

 **1** a Ecoutez et notez les matières:
   i que Paul aime
   ii que Claudette aime.

 b Recopiez le dialogue, mais sans les mots en rouge.
   Ecoutez et complétez le dialogue.

 2 Recopiez la grille. Ecoutez et cochez (✓).

	♥	✗	♥♥	✗✗
Exemple: **le sport**	✓			
l'histoire				
le dessin				
les maths				
la géographie				
la musique				

3 Choisissez une matière et faites un sondage.
Exemple: *Tu aimes l'histoire?*

Faites un graphique pour illustrer les résultats:

Rappel
un graphique = a graph
sans les mots en rouge
= without the words in red

Objective 3
to write your own school timetable

 **1** a Ecoutez.

 b Ecoutez et notez les numéros.
Exemple: *a = 2.*
b = ☐   c = ☐   d = ☐   e = ☐

 c Ecoutez et répétez les jours:
i que vous aimez
ii que vous n'aimez pas.

2 Trouvez les jours. Trouvez les matières.
Classez les mots en 2 familles.

Jours	Matières
mardi	sciences

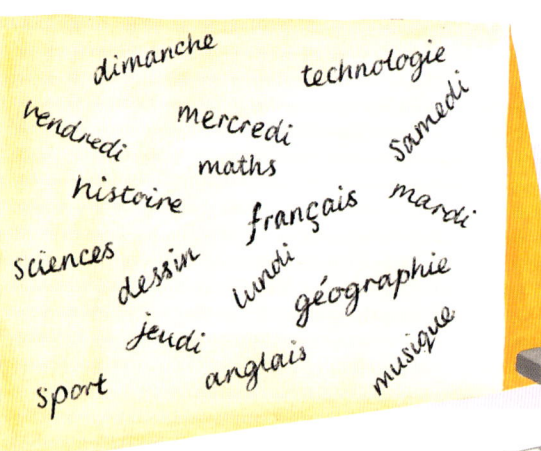

3 a Regardez la grille.

Je fais. . .	maths musique sciences français anglais technologie histoire géographie sport dessin	le lundi le mardi le mercredi le jeudi le vendredi
Tu fais. . .?		

b Travaillez à deux.
Exemple: *Tu fais maths le lundi?*
Non, je fais maths le mardi.

c Ecrivez 10 phrases.
Exemple: *Je fais sport le jeudi.*

4 Regardez l'emploi du temps d'Isabelle.

a What does Isabelle have lesson 3 on Monday?
b When does Isabelle have P.E?
c Does Isabelle have Science on Tuesdays?
d What does she have lesson 1 on Wednesdays?

	lundi	mardi	mercredi
1.	anglais	sport	dessin
2.	français	géographie	maths
3.	musique	histoire	sport

5 C'est pour quelle matière?

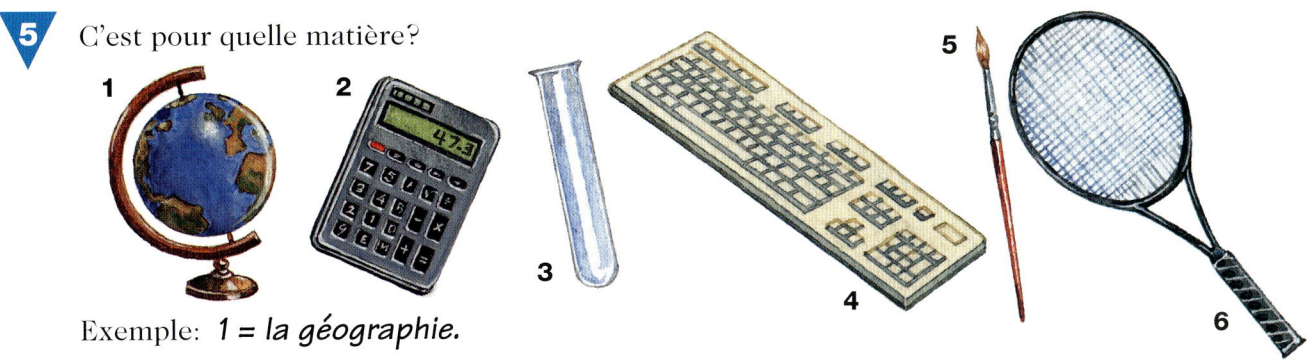

Exemple: *1 = la géographie.*

6 Ils ont passé quels examens? Ecrivez une liste.

Exemple: *1 = sciences; anglais; maths.* 5 secrétaire 6 professeur 7 pilote

7 Ecrivez votre emploi du temps:

a pour le lundi
b pour le vendredi.

Ma journée idéale, c'est le sport, le sport et le sport.

Le sommaire

Objective 1: to talk about the school subjects you do

Que fais-tu au collège?	What do you do at school?
aujourd'hui	today
demain	tomorrow
Je fais. . .	I do. . .
anglais	English
dessin	Art
français	French
géographie	Geography
histoire	History
maths	Maths
musique	Music
sciences	Science
sport	P.E.
technologie	Technology
les matières	subjects

Objective 2: to express an opinion about school subjects

J'aime. . .	I like. . .
Je n'aime pas. . .	I don't like. . .
J'adore. . .	I really like. . .
Je déteste. . .	I hate. . .
Tu aimes quelles matières?	Which subjects do you like?
Tu aimes. . . ?	Do you like. . . ?

Objective 3: to write your own school timetable

les jours	the days
lundi	Monday
mardi	Tuesday
mercredi	Wednesday
jeudi	Thursday
vendredi	Friday
samedi	Saturday
dimanche	Sunday
Tu fais maths le lundi?	Do you do Maths on Mondays?
Non, je fais maths le mardi.	No, I do Maths on Tuesdays.

Objective 1
to say where you live

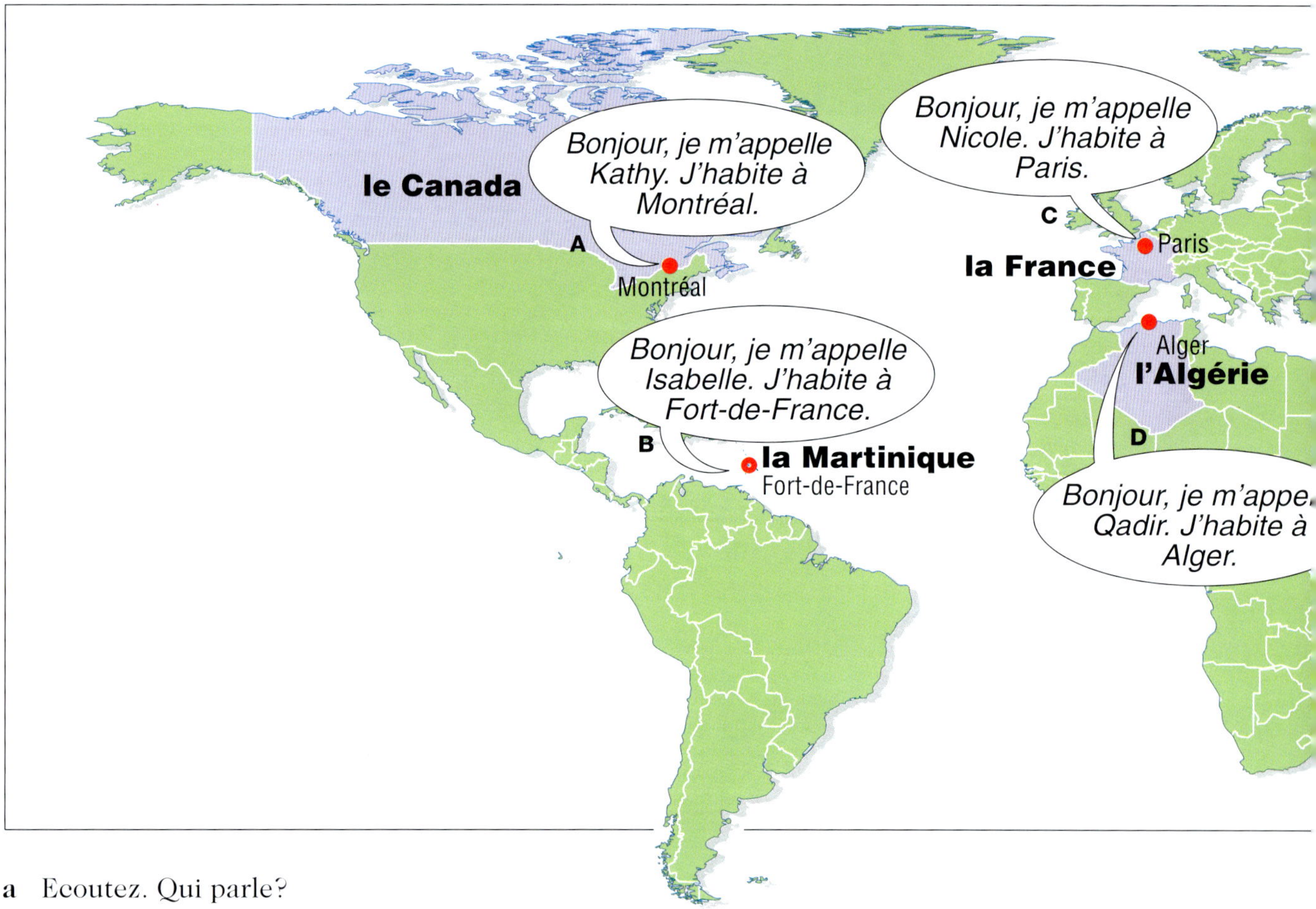

Bonjour, je m'appelle Kathy. J'habite à Montréal.

Bonjour, je m'appelle Nicole. J'habite à Paris.

Bonjour, je m'appelle Isabelle. J'habite à Fort-de-France.

Bonjour, je m'appelle Qadir. J'habite à Alger.

le Canada — Montréal (A)
la Martinique — Fort-de-France (B)
la France — Paris (C)
l'Algérie — Alger (D)

 **1 a** Ecoutez. Qui parle?
Exemple: *1 = C.*

2 = ☐   3 = ☐   4 = ☐   5 = ☐

 b Ecoutez et répétez:
  i après les filles
  ii après les garçons.

 2 a Travaillez à deux.
Inventez des dialogues.
Exemple: *Où habites-tu?*
         J'habite à...

b Inventez des dialogues pour:
  i   Bill Clinton
  ii Linford Christie
  iii Crocodile Dundee.

Pour vous aider: **Washington**   **Londres**   **Melbourne**

Où habites-tu?	J'habite à...	Paris
		Montréal
		Port Louis
		Fort-de-France
		Alger

UNIT 4

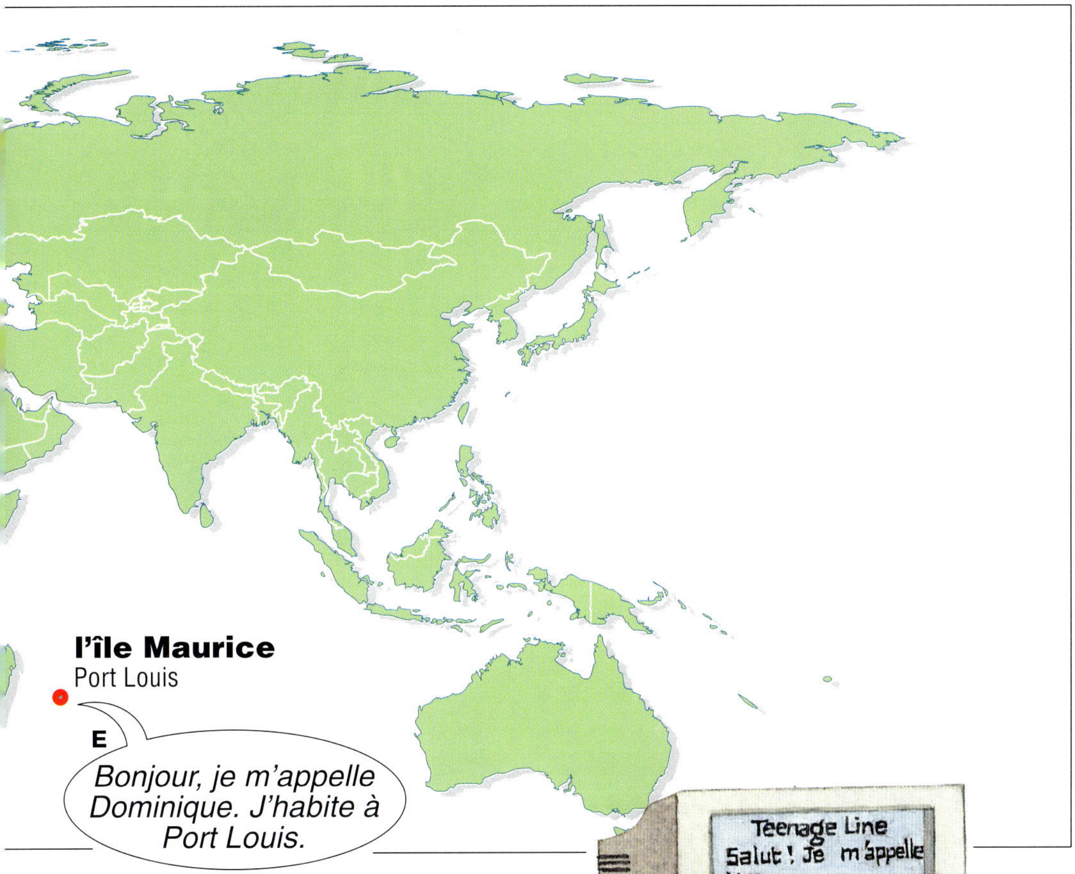

l'île Maurice
Port Louis

E
Bonjour, je m'appelle Dominique. J'habite à Port Louis.

*Teenage Line
Salut! Je m'appelle Kelly.
J'habite à Bristol.*

▼ 3 Echangez un message avec des personnes sur le service pour:
   i vous
  ii votre partenaire
 iii votre professeur.

▼ 4

Alger	Canada	Fort-de-France
île Maurice	Montréal	France
Port Louis	Martinique	Paris
		Algérie

Faites correspondre les villes et les pays.
Exemple: *Alger = Algérie.*

Moi, j'habite à Manchester.

Objective 2
to describe your home town

Dans ma ville, il y a...

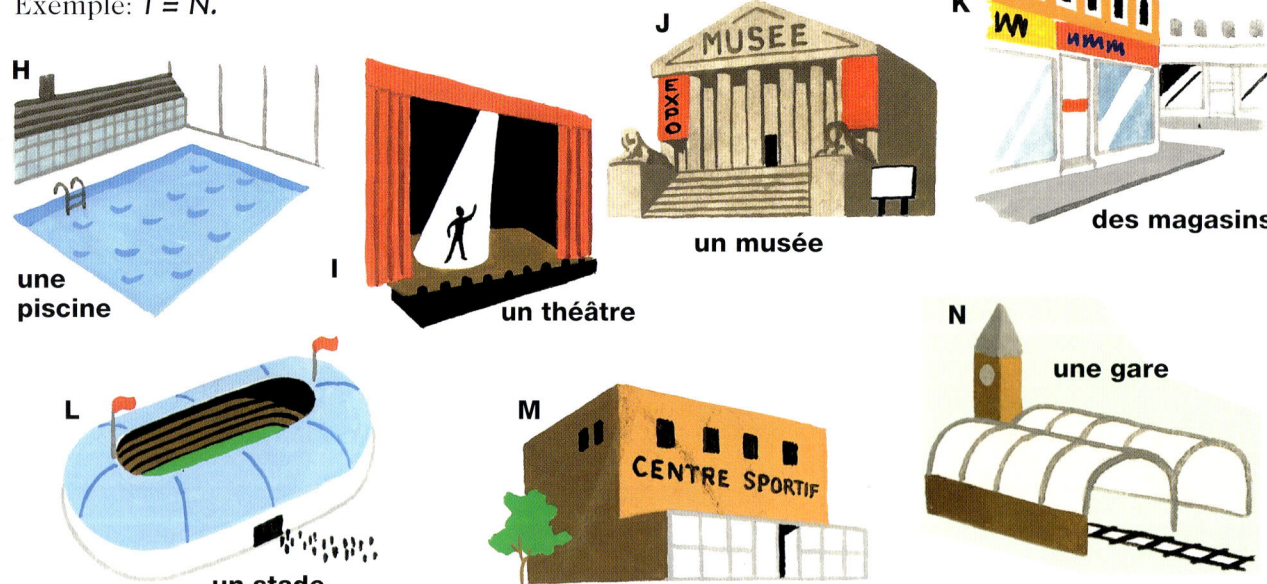

1 Pour chaque dessin, notez la bonne lettre.
Exemple: *1 = C.*

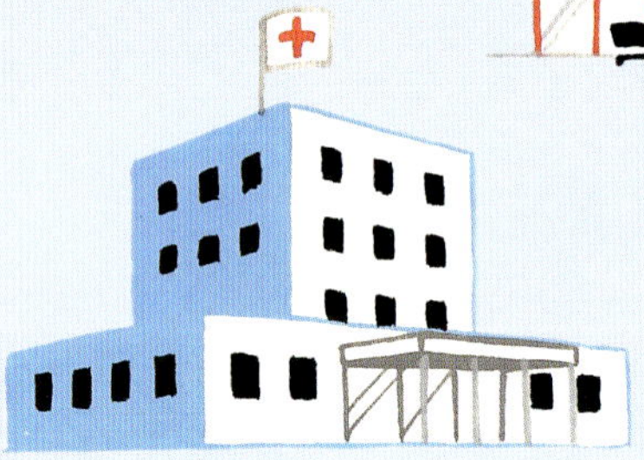

- **A** un marché
- **B** une poste
- **C** un cinéma
- **D** un hôpital
- **E** une discothèque
- **F** une cathédrale
- **G** un hypermarché

2 Ecoutez et notez la bonne lettre.
Exemple: *1 = N.*

- H une piscine
- I un théâtre
- J un musée
- K des magasins
- L un stade
- M un centre sportif
- N une gare

3 Qu'est-ce qu'il y a dans *votre* ville?
Ecoutez et répétez les phrases.

4 Regardez les dessins. Qu'est-ce qu'il y a dans la ville?

1  2  3

4  5

Exemple: *1 = une piscine.*

5 a Travaillez à deux. Vous êtes guide touristique!
Décrivez votre ville.

Qu'est-ce qu'il y a dans la ville?

Dans ma ville, il y a...

b Changez de rôle.

6 a Ecrivez une liste pour votre correspondant(e).
Exemple:
J'habite à...
Dans ma ville, il y a...

b Recopiez votre liste par ordre alphabétique pour l'annuaire des téléphones.

Cinéma les Arcades Tel: 02.97.24.06.52
Discothèque Malibu Tel: 02.97.62.62.02
Eglise Ste-Marie Tel: 02.97.24.71.65

Rappel
l'annuaire des téléphones = phone directory
guide touristique = tourist guide

Objective 3
to understand a brochure describing places in a town

1 a Regardez les brochures.

b Vous allez à quelle ville pour trouver:
  i les discothèques?
  ii la cathédrale de Notre Dame?
  iii le Marché aux Puces?
  iv le musée de Victor Hugo?
  v un centre sportif?

2 a Qu'est-ce qu'il y a dans votre ville? Donnez une liste à votre partenaire. Vous avez une minute!

b Dessinez une brochure pour votre ville.

3 Recopiez la carte postale. Changez les mots en rouge pour décrire votre ville.

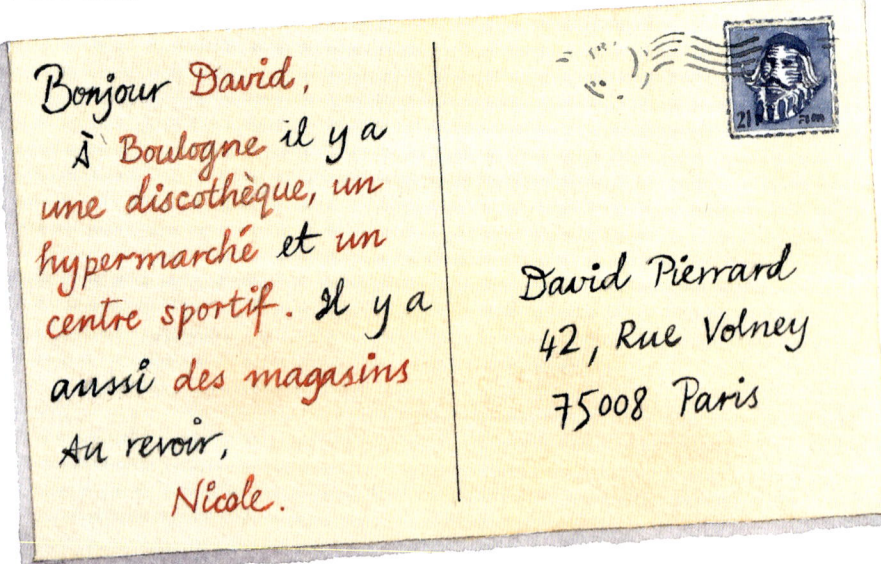

Le sommaire

Objective 1: **to say where you live**

Où habites-tu?	Where do you live?
J'habite à. . .	I live in. . .

Objective 2: **to describe your home town**

Qu'est-ce qu'il y a dans la ville?	What is there in the town?
Dans ma ville, il y a. . .	In my town, there is/are. . .
un cinéma	a cinema
une piscine	a swimming pool
un théâtre	a theatre
une discothèque	a disco
un musée	a museum
des magasins	shops
une gare	a station
un marché	a market
une cathédrale	a cathedral
un stade	a stadium
une poste	a post office
un hypermarché	a hypermarket
un hôpital	a hospital
un centre sportif	a sports centre

Objective 3: **to understand a brochure describing places in a town**

une brochure	a brochure

Objective 1
to ask for directions

 1 a Ecoutez et dessinez les symboles.

Exemple: *1 =*

  b Répétez:
  i les mots masculins (<u>le</u>)
  ii les mots féminins (<u>la</u>).

 2 a Monsieur Confus est perdu à Paris!
Travaillez avec votre partenaire.
Inventez des phrases pour l'aider.
Changez de rôle!

Exemple: *1 Excusez-moi. La gare,
s'il vous plaît?*

1

2

3

4

  b Répétez les phrases l-e-n-t-e-m-e-n-t pour Monsieur Confus.
  c Ecrivez les phrases.

perdu = lost

Objective 2
to understand and give directions

1 a Ecoutez et dessinez les flèches.

Exemple:

Vous tournez à gauche.

Vous allez tout droit.

Vous tournez à droite.

b Vous êtes chauffeur de taxi. Ecoutez la radio et répétez pour vérifier.

Exemple: *Radio: Vous allez à la gare!*
Chauffeur de taxi: La gare?
Radio: Oui, la gare. Vous prenez la deuxième rue à gauche.
Chauffeur de taxi: La deuxième rue à gauche? O.K.!

2 Monsieur Confus est à l'office de tourisme.

a Recopiez les questions et écrivez les réponses.

Exemple:
1 La poste, s'il vous plaît?   1 *La poste? Vous tournez à gauche.*

2 Le cinéma, s'il vous plaît?  2 _____

3 La gare, s'il vous plaît?    3 _____

4 L'hôtel, s'il vous plaît?    4 _____

b Jouez les dialogues avec votre partenaire. Changez de rôle.

c Inventez des dialogues:

Rappel
les flèches = arrows
chauffeur de taxi = taxi driver

d Ecrivez les dialogues.

UNIT 5

3 Ecoutez et indiquez () le bon chemin.

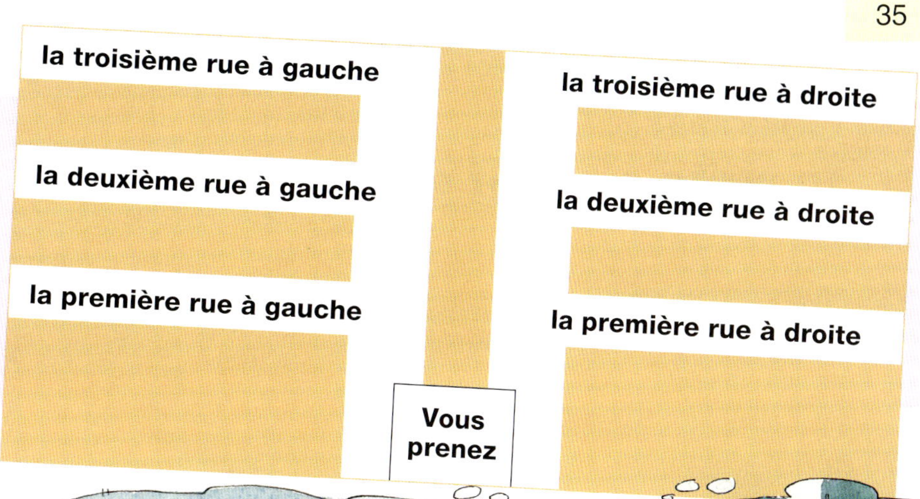

la troisième rue à gauche
la troisième rue à droite
la deuxième rue à gauche
la deuxième rue à droite
la première rue à gauche
la première rue à droite

Vous prenez

4 a Regardez le dessin et écoutez.

Excusez-moi, la gare, s'il vous plaît?
La gare? Vous prenez la première rue à droite.
Merci, monsieur.

b Ecoutez et répétez.

c Jouez le dialogue:
  i d'une manière patiente
  ii d'une manière impatiente.

d Ecoutez. Répétez et vérifiez le chemin pour le chauffeur d'ambulance.
Exemple 1: *La poste, c'est la première rue à droite?*
Oui, la première rue à droite.

5 a Recopiez les dessins et complétez les dialogues.

1 Excusez-moi, le _____ , s'il vous plaît?
   Le cinéma? Vous prenez la _____ rue à droite.
   Merci, monsieur.

2 Excusez-moi, la poste, _____?
   La _____? Vous prenez la _____ rue _____.
   Merci, monsieur.

b Jouez les dialogues avec votre partenaire. Changez de rôle.

Rappel
le bon chemin = the right way

Objective 3
to write a set of directions

 **1** a Regardez le plan de Disneyland Paris et écoutez. Vous arrivez où? Notez le bon mot.
Exemple **1:** *La gare.*

b Regardez le plan de Disneyland. Vous arrivez où? Choisissez la bonne réponse.

1 **Allez tout droit et prenez la première rue à droite.**

2 **Allez tout droit et prenez la troisième rue à droite.**

3 **Allez tout droit et prenez la deuxième rue à gauche.**

4 **Allez tout droit et prenez la deuxième rue à droite.**

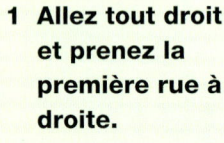

2 Votre ami arrive à la gare. Notez le bon chemin pour aller:
  i au café
  ii au cinéma.

3 Dessinez un panneau pour Disneyland.

Rappel
les magasins = the shops
un panneau = a sign-post
le plan = the map

Le sommaire

Objective 1: **to ask for directions**

Excusez-moi, madame/monsieur...	Excuse me, madam/sir...
La gare, s'il vous plaît?	The station, please?
Le cinéma, s'il vous plaît?	The cinema, please?
La poste, s'il vous plaît?	The post office, please?
La discothèque, s'il vous plaît?	The disco, please?

Objectives 2 and 3: **to understand, give and write a set of directions**

Vous tournez à droite.	You turn right.
Vous tournez à gauche.	You turn left.
Vous allez tout droit.	You go straight on.
Vous prenez...	You take...
la première rue à droite	the first street on the right
la deuxième rue à droite	the second street on the right
la troisième rue à droite	the third street on the right
la première rue à gauche	the first street on the left
la deuxième rue à gauche	the second street on the left
la troisième rue à gauche	the third street on the left
Merci, madame/monsieur.	Thank you, madam/sir.

Temps libre

UNIT 6

Objectives

You will learn:

Objective 1 to talk about your interests and activities.
Objective 2 to express an opinion about activities.
Objective 3 to write about your favourite interests and activities.

UNIT 6

Objective 1
to talk about your interests and activities

Je joue avec l'ordinateur.
Je joue au football.
Je fais les magasins.
Je regarde la télé.
Je fais du vélo.

1 a Ecoutez la conversation de Marc et Julie.
Notez les activités dans le bon ordre.

Exemple: *Marc 1 = B*

Marc 1 = ☐ 2 = ☐ 3 = ☐

Julie 1 = ☐ 2 = ☐ 3 = ☐

b

Qu'est-ce que tu fais le week-end, Marc?

Euh... je joue au football, je joue avec l'ordinateur et je fais du vélo.

Ecoutez et répétez:
  i avec enthousiasme
  ii sans enthousiasme.

c Ecoutez. Recopiez les phrases et remplissez les blancs.

Qu'est-ce que tu _____ le week-end, Marc?

Euh... je joue au _____, je _____ avec l'ordinateur et je _____ du vélo.

Je fais du vélo.

Qu'est-ce que tu fais le week-end?

A — Je vais en ville.
B — Je vais en discothèque.
C — Je vais au café.
D — Je vais chez les copains.
E — Je vais à la piscine.
F — Je vais à la pêche.
G — Je vais au cinéma.

Je vais. . .

 **2** Recopiez 5 activités que vous faites. Ecoutez et jouez au loto!

Exemple: *Je vais au café/je fais du vélo/je vais en ville/ je vais au cinéma/je vais à la piscine.*

Qu'est-ce que tu fais le week-end?

 3

Je vais au café, je vais en discothèque et je vais à la pêche. **A**

a Regardez les dessins et lisez les dialogues. Quel est le bon dialogue?
 b Ecoutez et répétez le bon dialogue.

Je vais chez les copains, je vais au café et je vais au cinéma. **B**

 4 a Travaillez avec votre partenaire et écrivez un dialogue pour:
   i   une personne sportive
   ii une personne non-sportive.
b Jouez le dialogue.
c Jouez un dialogue avec votre partenaire et écrivez le dialogue pour:
   i   vous
   ii votre partenaire.

Rappel
une personne sportive
= a sporty person

Objective 2
to express an opinion about activities

Qu'est-ce que tu aimes faire?

aller
au cinéma
en ville
en discothèque
au café
chez les copains
à la piscine
à la pêche

J'aime…

Je n'aime pas…

regarder
la télé

jouer
au foot
avec l'ordinateur

faire
du vélo
les magasins

1
  a Ecoutez et répétez les activités que vous aimez.

  b Notez les activités que vous aimez faire.
     Exemple: *J'aime regarder la télé.*

  c Notez les activités que vous n'aimez pas faire.
     Exemple: *Je n'aime pas aller au cinéma.*

2
  a Sondage: posez la question 'Qu'est-ce que tu aimes faire?' à 5 personnes dans la classe. Quelle est l'activité préférée?

  b Listez les activités que vous faites par ordre de préférence.

  c Trouvez des photos de personnalités. Faites un poster avec des dialogues.
     Exemple:

Rappel
seul(e) = alone
personnalités = famous people

Objective 3
to write about your favourite interests and activities

 **1** Recopiez la grille. Ecoutez et cochez (✔) les activités que:
  i Julie aime
  ii Marc aime
  iii Sandrine aime.

	Julie	Marc	Sandrine
jouer avec l'ordinateur			
jouer au football			
regarder la télé			
faire les magasins			
aller en ville			
aller en discothèque			
aller au café			
aller chez les copains			
aller à la piscine			
aller à la pêche			
aller au cinéma			
faire du vélo			

2 a Regardez les écrans et trouvez votre partenaire idéal(e)!

J'aime regarder la télé, j'aime aller au cinéma, j'aime jouer avec l'ordinateur et j'aime aller en discothèque.

A

J'aime jouer au football, j'aime aller à la pêche, j'aime faire du vélo et j'aime aller au cinéma.

B

J'aime faire les magasins, j'aime aller chez les copains, j'aime aller au cinéma et j'aime regarder la télé.

C

J'aime aller au cinéma, j'aime aller en ville, j'aime faire du vélo et j'aime aller au café.

D

b A vous! Ecrivez vos activités préférées pour l'Internet.

Rappel
écran = screen

UNIT 6

Le sommaire

Objective 1: to talk about your interests and activities

Qu'est-ce que tu fais le week-end?	What do you do at the weekend?
Je joue avec l'ordinateur.	I play on the computer.
Je joue au football.	I play football.
Je regarde la télé.	I watch TV.
Je fais les magasins.	I go shopping.
Je vais en ville.	I go to town.
Je vais en discothèque.	I go to the disco.
Je vais au café.	I go to the café.
Je vais chez les copains.	I go to my friends' house.
Je vais à la piscine.	I go to the swimming baths.
Je vais à la pêche.	I go fishing.
Je vais au cinéma.	I go to the cinema.

Objectives 2 and 3: to express an opinion and write about activities

Qu'est-ce que tu aimes faire?	What do you like to do?
J'aime...	I like...
Je n'aime pas...	I don't like...
faire les magasins	to go shopping
faire du vélo	to go cycling
aller au cinéma	to go to the cinema
aller en ville	to go to town
aller en discothèque	to go the disco
aller au café	to go to the café
aller chez les copains	to go to a friend's house
aller à la piscine	to go swimming
aller à la pêche	to go fishing
jouer au football	to play football
jouer avec l'ordinateur	to play on the computer
regarder la télé	to watch TV

Le temps

UNIT 7

Objectives

You will learn:

Objective 1 to describe what the weather is like today.
Objective 2 to describe weather in different seasons.
Objective 3 to write about the weather where you are.

UNIT 7

Objective 1
to describe what the weather is like today

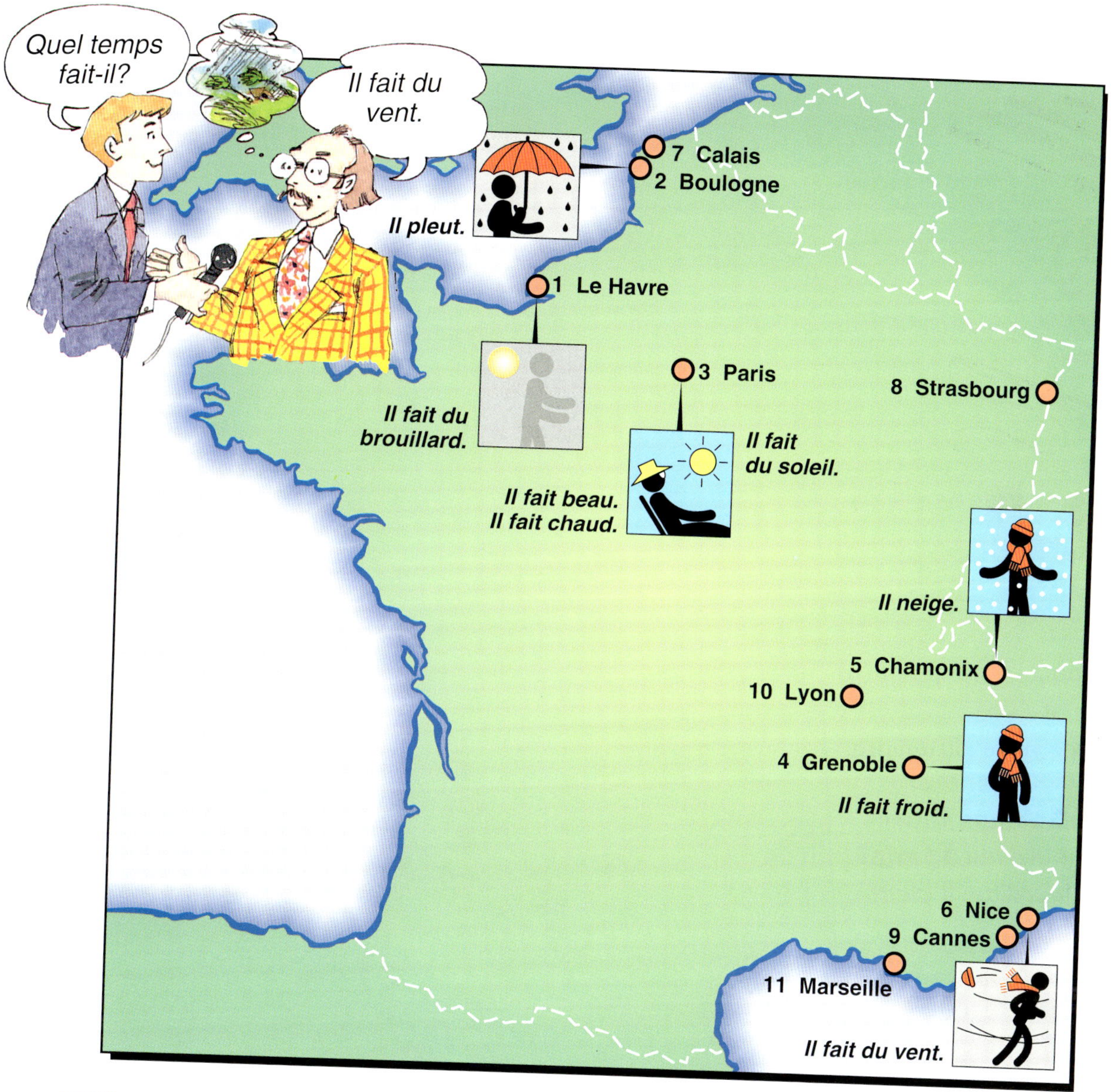

 1 Ecoutez. C'est quelle ville? Notez le bon numéro.

 2 Ecoutez. Quel temps fait-il:
- i à Marseille?
- ii à Calais?
- iii à Lyon?
- iv à Strasbourg?
- v à Cannes?

 3 Ecoutez et répétez:
- i les beaux temps
- ii les mauvais temps.

4 Recopiez la grille. Ecrivez:
   i le temps idéal
   ii pas idéal.

	temps idéal	pas idéal
A		
B		
C		
D		

5 Ecoutez. Comparez vos réponses.

6 Travaillez avec votre partenaire. Changez les mots en rouge.
   Exemple: **Quel temps fait-il aujourd'hui à Paris? Aujourd'hui il pleut à Paris.**

Objective 2
to describe weather in different seasons

 **1** Ecoutez la cassette. C'est quelle saison?

 2 Ecoutez et répétez comme Monsieur Météo.

3 Complétez les phrases:

i	au printemps	a	il neige
ii	en été	b	il fait beau
iii	en automne	c	il pleut
iv	aujourd'hui	d	il fait du vent
v	en hiver	e	il fait chaud

4
a Quel temps fait-il dans les Alpes:
  i en hiver?
  ii en été?
  iii aujourd'hui?

b Quel temps fait-il en Corse:
  i en hiver?
  ii en été?
  iii aujourd'hui?

LA FRANCE EN HIVER

Le climat est important pour le tourisme en France, surtout en Corse où il fait chaud en hiver. Quand beaucoup de touristes vont dans les Alpes pour faire du ski, d'autres touristes vont en Corse pour se relaxer au soleil.

Objective 3
to write about the weather where you are

1 Choisissez une des deux cartes postales.
Ecrivez votre message.
Changez les mots en rouge.

> Ici à *Monte Carlo*, *il fait chaud* et *il fait du soleil* aujourd'hui!
>
> A bientôt!
> Sylvie.

2 Regardez la carte.
Quel temps fait-il?
Complétez la carte.

> Aujourd))) il pl))) et il fait du v))).
>
> Louise

Rappel
Ici à Monte Carlo... = Here in Monte Carlo...

Le sommaire

Objective 1: to describe the weather today

Quel temps fait-il?	What is the weather like?
aujourd'hui	today
Il fait beau.	It is nice.
Il fait chaud.	It is hot.
Il fait froid.	It is cold.
Il fait du brouillard.	It is foggy.
Il fait du vent.	It is windy.
Il fait du soleil.	It is sunny.
Il pleut.	It is raining.
Il neige.	It is snowing.

Objective 2: to describe weather in different seasons

au printemps	in spring
en été	in summer
en automne	in autumn
en hiver	in winter

Objective 3: to write about the weather where you are

à Monte Carlo	in Monte Carlo

Au travail

UNIT 8

Vedior Intérim — Ex Agence INTERTRA
RECRUTE
- Infirmier/infirmière D.E. secteur de Rennes
- Mécaniciens auto
- Mécaniciens PL expérimentés
- Métalliers/serruriers
- Electriciens habilités B2 (expérience raccordement EDF)
- Soudeurs arc
- Soudeurs semi-auto

Se présenter à l'agence: **Vedior**
27, bd Beaumont – RENNES (près de la Gare)

BATIMENT - INDUSTRIE
TP - TERTIAIRE
☎ **02.99.67.25.56** *Documents obligatoires (pièce d'identité, diplômes et références).*

■ RECHERCHE 2 vendeurs, (formation et transports assurés). Tél. 40.12.17.10 hb du lundi au mercredi et 02.99.67.24.30 du jeudi au vendredi de 10h/12h.

■ Dynamique et motivé(e) vous cherchez un job d'été? Devenez vendeur(euse) de chouchoux sur les plages du Var. Forte rémunération poss. 02.99.67.08.98.

Hôtellerie Restauration
■ LONDRES: Hôtels, Pubs, Fast-food, recrutent personnel français – Anglais basique. Tél, 19.44.171.8396515. On parle français.

EFFIKA
TRAVAIL TEMPORAIRE
TOUTES PROFESSIONS

RECRUTE URGENT
- Couturières avec expérience usine
- Agents de fabrication (équipe 2 x 8)
- Soudeurs semi-auto (équipe 2 x 8)
- Menuisiers pour chantier réhabilitation (PVC)
- Plaquistes
- Maçons coffreurs N111 P1 et N111 P2
- Paveurs qualifiés

Se présenter avec références **Ste Effika**
16, rue Joseph-Sauveur – 35000 Rennes
✆ **02.99.31.90.09**

■ Cherche vendeurs(euses) 18/25, CDI, avec ou sans expérience, formation assurée, salaire motivant, tél de 10h à 17h CKDO 02.99.51.48.47.

▼ Objectives

You will learn:

Objective 1 to talk about jobs.

Objective 2 to talk about places of work.

Objective 3 to give starting and finishing times.

Objective 4 to understand information given in job adverts.

UNIT 8

Objective 1
to talk about jobs

1 Faites correspondre les emplois avec les photos.

A B C D E

Exemple: i une secrétaire = B
ii un agent de police
iii un professeur
iv un caissier (une caissière)
v un facteur

2 Notez l'emploi en français. Traduisez en anglais.

> Ton père, qu'est-ce qu'il fait dans la vie?

> Ta mère, qu'est-ce qu'elle fait dans la vie?

A Il est infirmier.   B Elle est vendeuse.   C Elle est caissière.

3 a Ecoutez et notez:
i les emplois qui vous intéressent
ii les emplois qui ne vous intéressent pas.

Rappel
emploi = job

b Travaillez avec votre partenaire. Parlez de ces emplois.

Exemple: Qu'est-ce qu'il fait dans la vie?
Il est infirmier.

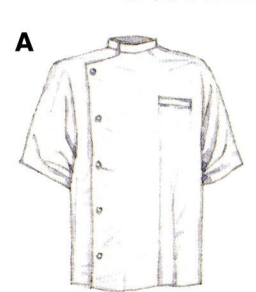  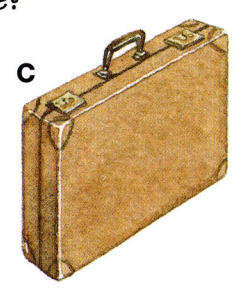 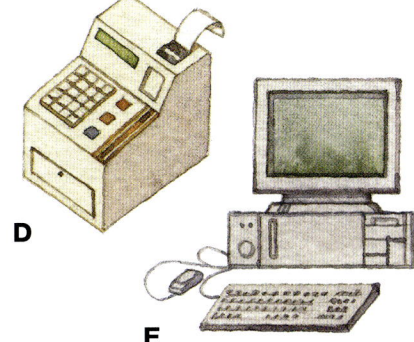

A B C D E

Objective 2
to talk about places of work

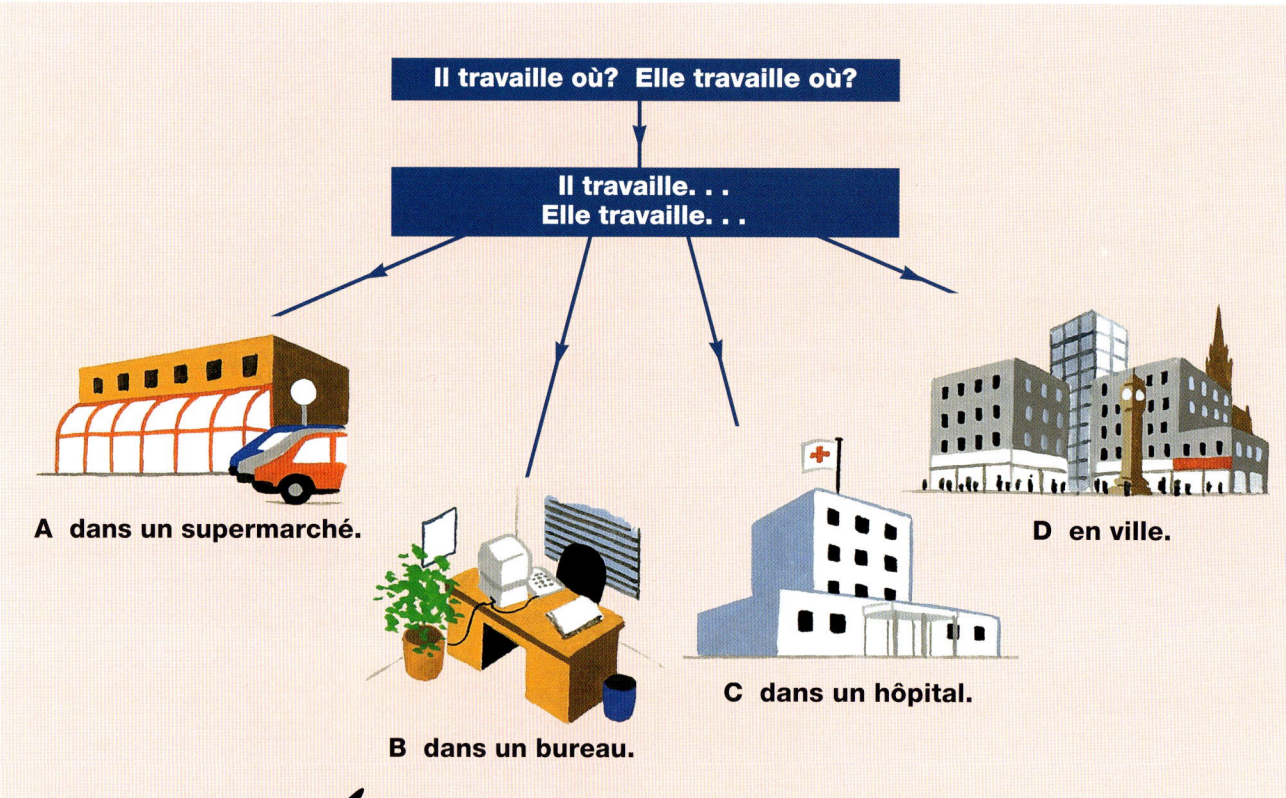

A dans un supermarché.
B dans un bureau.
C dans un hôpital.
D en ville.

1
a Ecoutez et indiquez (☞) la bonne réponse.

b Ecoutez et notez: vrai ou faux?
Exemple: **Mon père est facteur.**
Il travaille dans un hôpital.
Faux!

c C'est <u>vrai</u>? Répétez.

A Ton père, qu'est-ce qu'il fait dans la vie?
B Il est **facteur**.
A Il travaille où?
B Il travaille **en ville**.
A Et ta mère?

2
a Répétez le dialogue avec votre partenaire.

b Travaillez avec un partenaire. Changez les mots en rouge et jouez le dialogue.
Changez de rôle.

c Recopiez votre dialogue.

3 Trouvez d'autres personnalités et faites un collage des emplois.
Exemple: **Curly Watts: il travaille dans un supermarché.**

UNIT 8

Objective 3
to give starting and finishing times

 1 a Ecoutez et répétez comme l'annonceur à la gare.

b Ecoutez et notez l'heure des rendez-vous.
Exemple: **à 2h = at 2 o'clock.**

c Dessinez 9 cercles. Ecoutez et dessinez l'heure.
Exemple: = **sept heures**

2 a Regardez.
C'est quelle émission? Demandez à votre partenaire.
Exemple: **Ça commence à 11h et ça finit à 12h.**
C'est le football!

Le film commence à 20h.

b Recopiez les questions et notez les réponses.
Exemple: **i Le tennis commence à quelle heure? à 12h**
  ii Le football finit à quelle heure?
  iii Le Grand Prix commence à quelle heure?
  iv L'athlétisme commence à quelle heure?

Le film finit à 22h30.

> 8.30 **Formule 1**
> Grand Prix d'Espagne
> 10.00 **Natation**
> Mare Nostrum à Monaco
> 11.00 **Football:** Tournoi international «Espoirs» de Toulon: finale
> 12.00 **Tennis**
> Internationaux de France: quarts de finale
> 19.00 **Athlétisme:**
> Golden Gala de Rome
> 20.00 **Film:**
> Le fugitif (Harrison Ford)
> 22.30 **Snooker**
> Ligue européenne
> 23.30 **Cinémascope**
> 1.00 **Blues:** Jimmy Rogers

3 a Travaillez avec votre partenaire. Donnez l'heure. A tour de rôle!
Exemple: **A Il est deux heures.**

b Recopiez les dessins et écrivez l'heure.
Exemple: **14.00 = deux heures.**

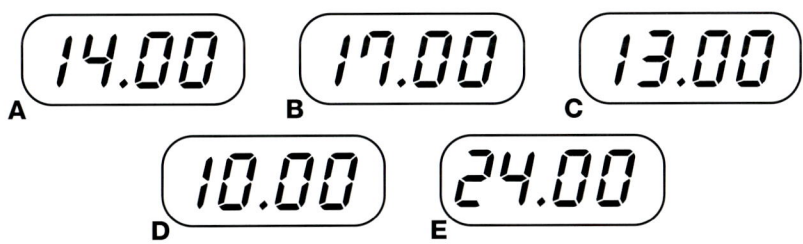

A 14.00   B 17.00   C 13.00
D 10.00   E 24.00

 Vous avez eu un accident au collège.
Votre professeur veut contacter votre mère.
Jouez le dialogue avec votre partenaire.

> *Professeur:* **Ta mère, qu'est-ce qu'elle fait dans la vie?**
> *Etudiant:* **Elle est secrétaire.**
> *Professeur:* **Elle travaille où?**
> *Etudiant:* **Elle travaille dans un bureau, en ville.**
> *Professeur:* **Elle commence à quelle heure?**
> *Etudiant:* **Elle commence à 9h.**
> *Professeur:* **Elle finit à quelle heure?**
> *Etudiant:* **Elle finit à 17h.**

 a Recopiez les phrases et choisissez les bonnes réponses:

1 La secrétaire commence à:
  i 9h
  ii 10h
  iii 7h.

2 Le professeur commence à:
  i 7h30
  ii 9h
  iii 8h.

3 La secrétaire finit à:
  i 15h
  ii 17h
  iii 20h.

4 Le professeur finit à:
  i 20h
  ii 16h
  iii 14h30.

 b Ecoutez pour vérifier.
Répétez les phrases correctes.

 a Recopiez le dialogue de l'exercice .

b Regardez les dessins et changez les mots en rouge pour inventer un nouveau dialogue.

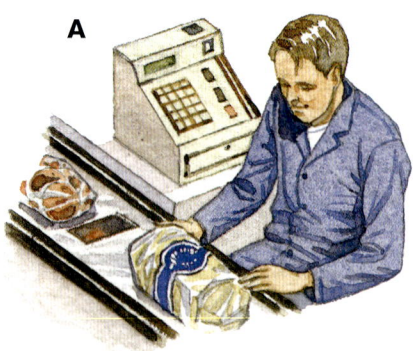

A

B

C

D

Objective 4
to understand information given in job adverts

Euromarché

recherche
vendeur/vendeuse

- bonne présentation
- entre 16 et 45 ans
- esprit d'équipe
- commence à 8h
- finit à 16h
- 6 jours par semaine.

Envoyez lettre + photo
Centre commercial, 37550 St. Avertin.

A

L'hôpital St. Denis

RECHERCHE

- Personne 18–30 ans
- Débutants acceptés
  - Formation
- Commence à 6h
- Finit à 14h.

Envoyez votre candidature à
Christophe Lebois.
Fax: 01.76.26.42.01.

B

Offre d'emploi

Commercial-*Junior*

- entre 16–25 ans
- personne dynamique
- bonne aptitude au commerce
- heures 9h à 17h lundi à vendredi.

Fax C.V. au 01.76.87.74.64.

C

 Lisez les offres d'emploi et répondez aux questions.

a Vous êtes infirmier (infirmière). Vous choisissez quel emploi?

b Vous voulez travailler dans un bureau. Vous choisissez quel emploi?

c Vous avez déjà travaillé dans un supermarché. Vous choisissez quel emploi?

d L'infirmier (infirmière) commence à quelle heure?

e Le vendeur (la vendeuse) finit à quelle heure?

Le sommaire

Objective 1: **to talk about jobs**

Ton père, qu'est-ce qu'il fait dans la vie?	What does your father do for a living?
Ta mère, qu'est-ce qu'elle fait dans la vie?	What does your mother do for a living?
Il est. . .	He is. . .
Elle est. . .	She is. . .
secrétaire	a secretary
caissier (caissière)	a check-out operator
agent de police	a police person
professeur	a teacher
facteur	a postman
infirmier (infirmière)	a nurse
vendeur (vendeuse)	a sales person

Objective 2: **to talk about places of work**

Il travaille où?	Where does he work?
Elle travaille où?	Where does she work?
Il travaille. . .	He works. . .
Elle travaille. . .	She works. . .
dans un hôpital	in a hospital
dans un bureau	in an office
dans un supermarché	in a supermarket
en ville	in the town

Objective 3: **to give starting and finishing times**

Il commence son travail à quelle heure?	What time does he start work?
Elle commence son travail à quelle heure?	What time does she start work?
Il commence à. . .	He starts at. . .
Elle commence à. . .	She starts at. . .
Il finit son travail à quelle heure?	What time does he finish work?
Elle finit son travail à quelle heure?	What time does she finish work?
Il finit à. . .	He finishes at. . .
Elle finit à. . .	She finishes at. . .

une heure	one o'clock (a.m.)	treize heures	one o'clock (p.m.)
deux heures	two o'clock (a.m.)	quatorze heures	two o'clock (p.m.)
trois heures	three o'clock (a.m.)	vingt heures	eight o'clock (p.m.)
quatre heures	four o'clock (a.m.)	vingt et une heures	nine o'clock (p.m.)
onze heures et demie	half past eleven (a.m.)	vingt-trois heures	eleven o'clock (p.m.)
midi	twelve o'clock (midday)	minuit	twelve o'clock (midnight)

Objective 1
to ask for an item of clothing

une casquette

un jean

un pull

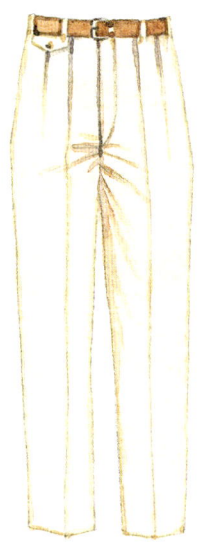
un pantalon

une veste

un jogging

Pierre

Jean-Marc

Michel

1 a Ecoutez. C'est quelle personne?
Exemple: 1 = Michel
2 = _____ 3 = _____

b Répétez les vêtements pour:
  i   Pierre
  ii Jean-Marc
  iii Michel.
Exemple: Pierre = une veste.

2 Classez les mots en 2 familles.

pour les personnes jeunes	pour les personnes âgées

UNIT 9

3 Choisissez la bonne réponse pour Arnie Schwarzenegger.
Exemple: **Je vais au théâtre. Je voudrais une veste.**

a Je joue au tennis. Je voudrais:
  i un pantalon
  ii un pull
  iii un tee-shirt.

b Je vais en discothèque. Je voudrais:
  i un jean
  ii une jupe
  iii une veste.

c Je fais de l'athlétisme. Je voudrais:
  i un pull
  ii un jogging
  iii une casquette.

4 a

Vous avez gagné! You have won!

Téléphonez à **NAF NAF** pour commander trois vêtements gratuits.

Je voudrais un jean, un sweat et une casquette.

Rappel
commander = order
vêtements gratuits = free clothes

b Ecrivez la liste des vêtements que vous désirez.

Objective 2
to buy an item of clothing

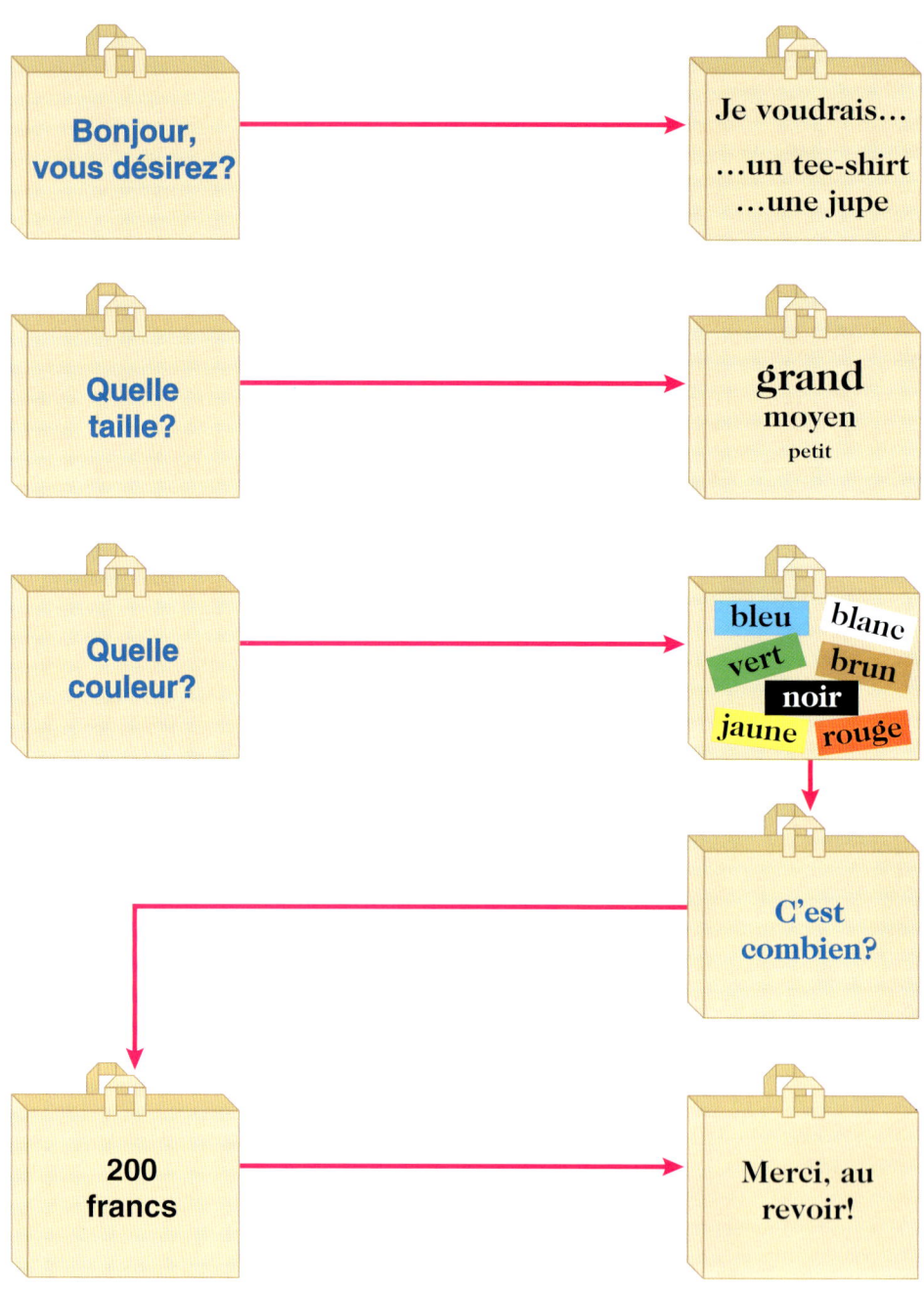

1. Recopiez les phrases en bleu. Traduisez en anglais.

2. Regardez le dialogue. Jouez le dialogue avec votre partenaire.

3. Ecrivez 5 dialogues.

1 Un tee-shirt.
Taille: moyen, petit.
Couleurs: rouge, bleu, noir.

2 Un pantalon.
Taille: grand, petit.
Couleurs: noir, bleu, vert.

3 Un sweat.
Taille: grand, petit.
Couleurs: jaune, rouge.

4 Un jogging.
Taille: moyen, petit.
Couleurs: noir, bleu.

 **4** a Ecoutez et indiquez () la bonne description.

b Répétez les descriptions.

c Ecoutez. C'est combien? Notez les prix.
   Exemple: **Un tee-shirt. C'est combien?**
            100F.

5 a Notez les vêtements que vous pouvez commander:
   i en rouge
   ii en bleu.

b Vous avez 300F. Notez les vêtements que vous pouvez commander.

6 Inventez un dialogue pour acheter vos vêtements.

7 Inventez et dessinez un catalogue. Ecrivez le vêtement, la couleur, la taille et le prix.

Le sommaire

Objective 1: **to ask for an item of clothing**

un tee-shirt	a t-shirt
un pull	a pullover
un jean	a pair of jeans
un pantalon	a pair of trousers
un sweat	a sweatshirt
un jogging	a tracksuit
une casquette	a baseball cap
une jupe	a skirt
une veste	a jacket

Objective 2: **to buy an item of clothing**

Quelle taille?	What size would you like?
grand	large
petit	small
moyen	medium
Quelle couleur?	What colour would you like?
jaune	yellow
rouge	red
blanc	white
vert	green
brun	brown
bleu	blue
noir	black
Je voudrais...	I'd like...
C'est combien?	How much is it?
cent francs	one hundred francs
deux cents francs	two hundred francs
trois cents francs	three hundred francs

Chez moi

UNIT 10

HABITER INVESTIR AUX PORTES DE RENNES
3 programmes neufs
les atouts de vivre entre ville et campagne

VERN-SUR-SEICHE

Parc des Maillardières
Petits immeubles de qualité, 9 et 17 logements du T1 au T4, dans un cadre de verdure exceptionnel

SAINT-ERBLON
Résidence La Bisquine
Du studio au 4 pièces. Pour bien vivre à quelques minutes de Rennes. Petite ville jeune et active. Accès direct à la quatre voies Rennes/Nantes.

CHATEAUGIRON
Résidence Le Castel bd P.-J.-Gourdel
Un environnement privilégié face au château, à deux pas des loisirs et des commerces T2, T3

OUEST IMMO 35
7 bis, rue du Pré-Auvé
VERN-SUR-SEICHE **99.62.82.13**

BRUZ
Résidence "Le Haut Launay"

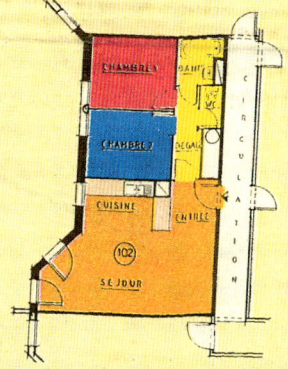

T3 de 55 m²
de 450.000 F TTC
à 495.000 F TTC

Avantages :
– Méhaignerie
– Périssol

NOVATERRE ☎ **43.53.06.06**

A PARTIR de **189 000 F** Park. compris
A PARTIR de **248 000 F** Park. compris

STUDIO ET DUPLEX
Résidence "Club Campus" à BRUZ
Pôle universitaire de Kerlann

STUDIO ET DUPLEX
Résidence "Les Fougères" à RENNES
Facultés de Beaulieu

Visitez notre appartement témoin

Portes ouvertes le 1 et 2 juin de 10 h à 18 h. 274, rte de Fougères

Cabinet MARTIN
2, rue d'Isly - angle bd de la Liberté
35000 RENNES ☎ 99.67.22.44

NOUVEAU RENNES

Résidence du Puits Chartier
quartier La Touche

Accédez à la propriété aux portes du centre ville

36 appartements du T1 bis au T5

Exemple :
T4 avec garage (lot n°6)
684 000 F

OPAC 35 2, rue Léon-Ricottier **99.25.23.29**

 **Objectives**

You will learn:
Objective 1 to describe your home.
Objective 2 to talk about the rooms in your home.
Objective 3 to write about homes.

Objective 1
to describe your home

1 a Ecoutez. Qui parle?

Exemple: **J'habite dans un petit appartement à Paris
= Valérie.**

b Ecoutez et répétez après les personnes qui habitent en ville.

Tu habites dans un appartement ou dans une maison?

*Je m'appelle Monique.
J'habite dans une maison.
Elle est grande.*

*Je m'appelle Valérie.
J'habite dans un appartement.
Il est petit.*

2

a Regardez le dialogue.

b Travaillez avec votre partenaire. Jouez le dialogue.

c Inventez un dialogue – changez les mots en rouge.
Inventez un dialogue pour:
  i vous
  ii une personne très riche.

d Recopiez les dialogues.

Monique: Tu habites dans un appartement ou dans une maison?

Pierre: J'habite dans un appartement.

Monique: Il est grand ou petit?

Pierre: Il est petit. Et toi? Tu habites dans un appartement ou dans une maison?

Monique: J'habite dans une maison. Elle est grande.

Je m'appelle Marc. J'habite dans une maison. Elle est petite.

Je m'appelle Pierre. J'habite dans un appartement. Il est grand.

Objective 2
to talk about the rooms in your home

1 Ecoutez et indiquez la pièce.
Exemple: *une salle à manger = B*

un salon

Il y a...

une salle à manger

une cuisine

une salle de bains

une chambre

2
a Regardez le plan de la maison et écoutez. Répétez la bonne description.

b Notez la bonne description de la maison.
  i en français
  ii en anglais.

3
a Décrivez votre maison à votre partenaire.

b Votre partenaire dessine la maison. C'est correct?

c Dessinez quelque chose pour votre partenaire. C'est pour quelle pièce?
Exemple:

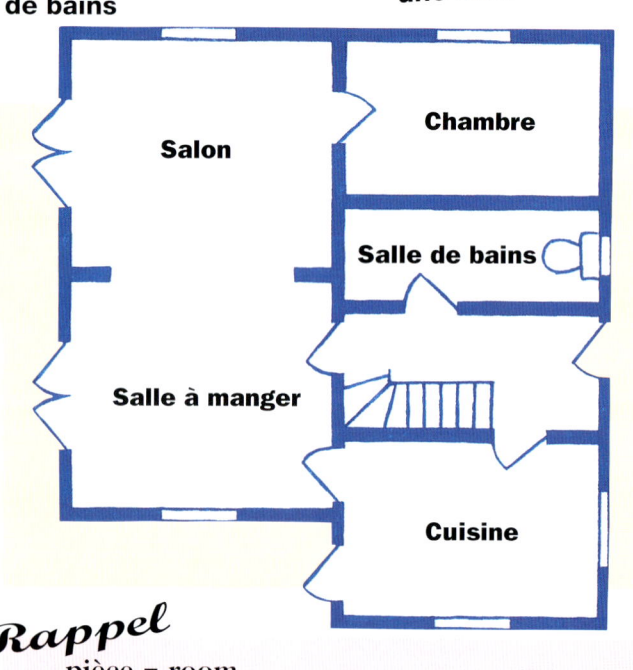

C'est pour la cuisine.

Rappel
pièce = room

Objective 3
to write about homes

(Floor plan from Vergnes & Breteau — Maisons individuelles, 56 rue A. GUERIN, 35000 RENNES, Tél: 02.99.87.05.00)

Rez de chaussée: Salon, Chambre 1, Salle de bains, Salle à manger, Cuisine

Etage: Chambre 2, Salle de bains, Chambre 3, Chambre 4

1.
a Vous travaillez à l'agence immobilière.
   Décrivez cette maison pour un client qui est au téléphone.
   Exemple: **Il y a un salon...**

b Traduisez la publicité en anglais pour votre mère.

2.
a Dessinez votre maison idéale.

b Décrivez la maison en français.
   Exemple: **Il y a 5 chambres et 2 salles de bains. Il y a une grande cuisine et une grande salle à manger. Il y a un petit salon.**

Rappel
Rez de chaussée = ground floor

Etage = first floor

l'agence immobilière = estate agents

Le sommaire

Objective 1: **to describe your home**

une maison	a house
un appartement	a flat
J'habite dans un grand appartement.	I live in a big flat.
J'habite dans une grande maison.	I live in a big house.
J'habite dans un petit appartement.	I live in a small flat.
J'habite dans une petite maison.	I live in a small house.
ou	or
un salon	a lounge
une cuisine	a kitchen
une salle à manger	a dining room
une chambre	a bedroom
une salle de bains	a bathroom

Objectives 2 and 3: **to talk about rooms in your home and to write about homes**

Il y a…	There is/There are…
et	and

Objective 1
to shop for food

Fruits et Légumes

Vous désirez?

Je voudrais. . . .

une bouteille de
une bouteille d'
coca-cola
orangina
eau minérale

un paquet de
chips
biscuits

 **1** a Ecoutez la liste de courses de Claire et indiquez (☞) la bonne catégorie.

b Ecoutez et écrivez la liste.

un kilo de	**2 tranches de**
tomates	jambon
bananes	
pommes	**200g de**
pêches	fromage
poires	

2   a   Ecoutez et répétez:
       i   ce qu'on mange
       ii   ce qu'on boit.

    b   Faites une liste des achats que vous aimez par ordre de préférence.
       Exemple: **chips, bananes, coca, biscuits.**

3

a Regardez le dialogue et écoutez les 3 dialogues.
   Ecrivez les 3 listes de courses.

b Travaillez avec votre partenaire.
   Répétez le dialogue.

c Changez les mots en rouge.
   Inventez des dialogues pour acheter des choses:
   i   pour un ami qui est à l'hôpital
   ii pour votre fête d'anniversaire.

d Recopiez les deux dialogues.

Serveuse: Bonjour, madame. Vous désirez?
Client: Je voudrais une baguette, s'il vous plaît.
Serveuse: Et avec ça?
Client: Deux tranches de jambon.
Serveuse: C'est tout?
Client: Oui.

4 Vous êtes au supermarché. Regardez ces deux chariots.

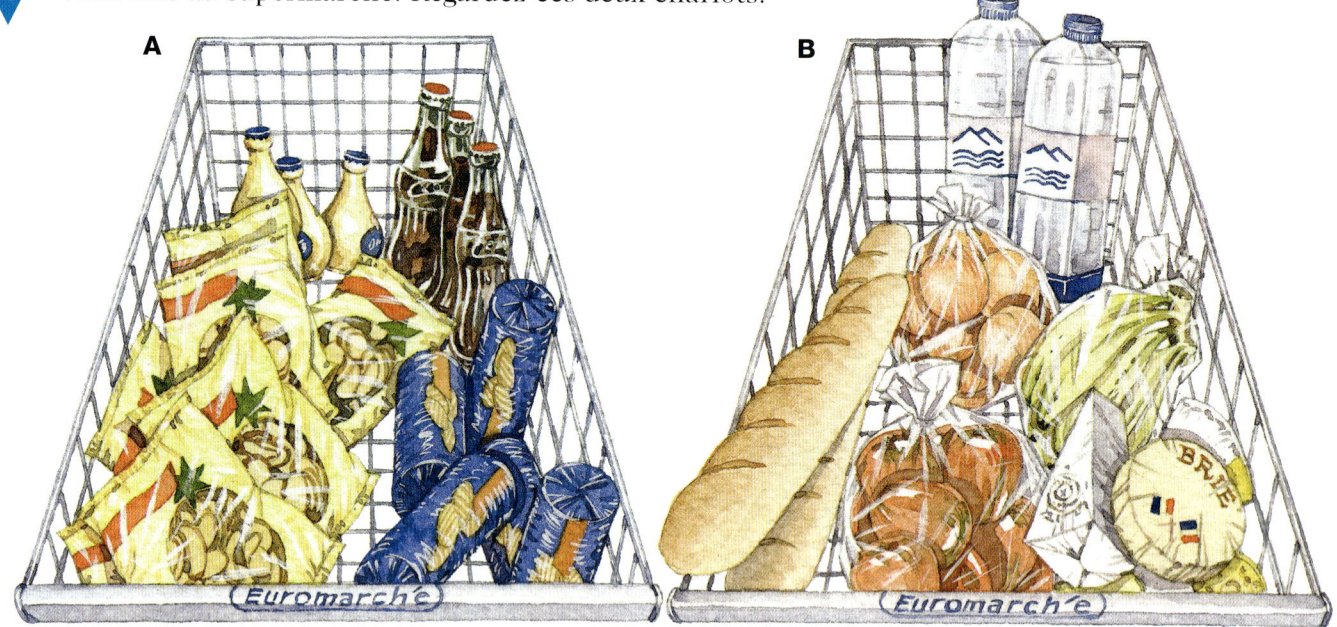

a Faites une liste des achats:
   i   dans le chariot **A**
   ii dans le chariot **B**.

b Choisissez le bon chariot pour une personne sportive.

c Dessinez un chariot avec 10 achats.
   Votre partenaire doit deviner ce que vous achetez.

   Exemple: Partenaire A: Vous achetez un paquet de chips?
             Partenaire B: Non!

Rappel

un ami = a friend

fête d'anniversaire = birthday party

une personne sportive = a sporty person

un chariot = a supermarket trolley

avec 10 achats = with 10 shopping items

Objective 2
to ask for prices

 **1** a Vous travaillez dans un supermarché. Vous demandez des prix.
Ecoutez et notez le bon prix.

b Travaillez avec votre partenaire.
Jouez le dialogue pour demander le prix de:
  i   3 bananes
  ii 2 paquets de biscuits
  iii 200g de fromage.

2 Regardez le reçu et répondez aux questions.

Exemple: **Une bouteille de coca, ça fait combien?**
         Ca fait 14f

  i   Un paquet de chips, ça fait combien?
  ii Une bouteille d'orangina, ça fait combien?
  iii 2 tranches de jambon, ça fait combien?

3 a Voici une liste. Inventez un dialogue pour faire des courses.
Recopiez votre dialogue.

b Qui peut écrire le dialogue le plus long?

Le sommaire

Objective 1: to shop for food

Vous désirez?	What would you like?
Je voudrais...	I would like...
une baguette	a French stick
un paquet de chips	a packet of crisps
un paquet de biscuits	a packet of biscuits
une bouteille de coca	a bottle of coca-cola
une bouteille d'orangina	a bottle of orangina
une bouteille d'eau minérale	a bottle of mineral water
2 tranches de jambon	2 slices of ham
200g de fromage	200g of cheese
3 bananes	3 bananas
un kilo de...	a kilo of...
pommes	apples
tomates	tomatoes
poires	pears
pêches	peaches
un kilo d'oranges	a kilo of oranges
Et avec ça?	Anything else?
C'est tout?	Is that all?
Merci, monsieur/madame.	Thank you, sir/madam.

Objective 2: to ask for prices

Ça fait combien?	How much is that?
Ça fait...	That will be...

Au téléphone

UNIT 12

Objectives

You will learn:

Objective 1 to ask to speak to someone on the telephone, stating and spelling your name.

Objective 2 to identify the caller's name.

Objective 3 to understand a simple written telephone message.

Objective 1
to ask to speak to someone on the telephone

 **1** a Ecoutez l'alphabet.

b Ecoutez et répétez très distinctement.

a b c d e f g h i j k l m n o p q r s t u v w x y z

 **2**

A

B

C

a Ecoutez et indiquez () la bonne voiture.

b Ecoutez et notez les voitures dans le bon ordre.

c Ecoutez et répétez après la cassette.

3 Travaillez avec votre partenaire.
Epelez le nom des personnalités.

Jean-Paul Gaultier   **Jean Alesi**   **Antoine de Caunes**   **Gérard Depardieu**

Rappel
Epelez le nom = spell the name

Ecoutez et répétez:
  i ce que dit Madame Brown
  ii ce que dit la secrétaire.

 5 a Ecoutez et trouvez le bon dialogue.
  b Répétez le dialogue avec votre partenaire.

Client: Bonjour, je voudrais parler à Madame Vernon, s'il vous plaît.

Secrétaire: C'est de la part de qui?

Client: Je m'appelle Monsieur Leclerc, L-E-C-L-E-R-C.

A

Client: Bonjour, je voudrais parler à Monsieur Pilet, s'il vous plaît.

Secrétaire: C'est de la part de qui?

Client: C'est Madame Thomas.

B

 6 a Vous cherchez un emploi dans un garage. Téléphonez à trois garages. Changez les mots en rouge de l'exercice **5** pour donner votre nom.

Garages

Garage Leblanc (père et fils)   Tél: 03.43.76.80.80
Garage Jean Renard   Tél: 03.43.22.19.01
Garage Ferré   Tél: 03.66.74.18.53

  b Ecrivez vos dialogues.

Rappel

Remember to end your conversations with 'Merci' and 'Au revoir'.

Objective 2
to identify the caller's name

1
a Lisez le dialogue.
b Ecoutez et répétez les phrases essentielles pour répondre au téléphone.
c Recopiez le dialogue.

> Bonjour, je voudrais parler à Madame Smith, s'il vous plaît.
> C'est de la part de qui?
> C'est Madame Laroche.
> Comment ça s'écrit?
> L-A-R-O-C-H-E.

2 Ecoutez. On veut parler à qui?
Notez les noms.
Exemple: 1= Madame Green.

3 Vous êtes secrétaire de l'équipe de football de France.
Les joueurs vous téléphonent.

a Jouez le dialogue avec votre partenaire.
b Regardez les photos. Changez les mots en rouge pour inventer des dialogues avec Ginola et Karembeu.

> Bonjour, je voudrais parler au manager.
> C'est de la part de qui?
> C'est Eric Cantona.
> Cantona? Comment ça s'écrit?
> C-A-N-T-O-N-A.

Christian Karembeu

David Ginola

c Recopiez vos dialogues.

Objective 3
to understand a simple written telephone message

1 Mme Verbier a téléphoné: rendez-vous à 18h au cinéma.

2 M. Jones a téléphoné: rendez-vous à 11h 30 au restaurant.

3 Jean-Claude a téléphoné: rendez-vous à 20h au centre sportif.

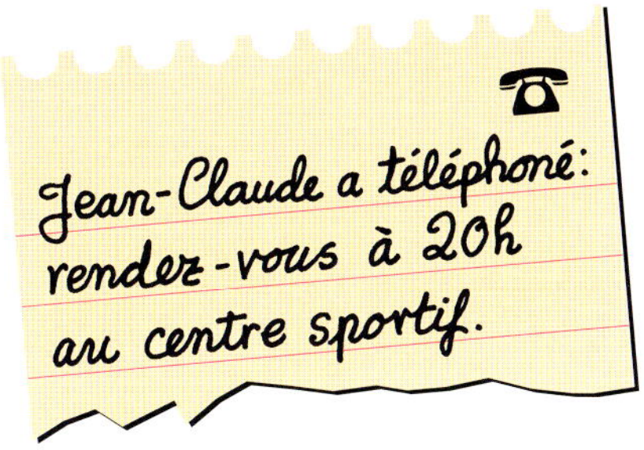

4 M. Leblois a téléphoné: rendez-vous à 10h à la gare.

5 Céline a téléphoné: rendez-vous à 19h au café.

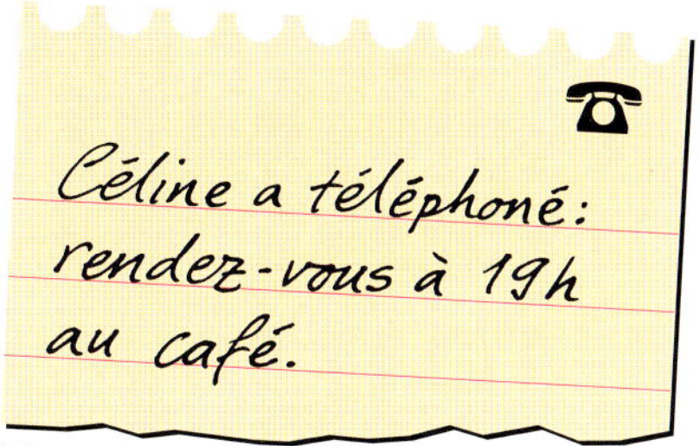

6 Pascale a téléphoné: rendez-vous à 21h à la discothèque Malibu.

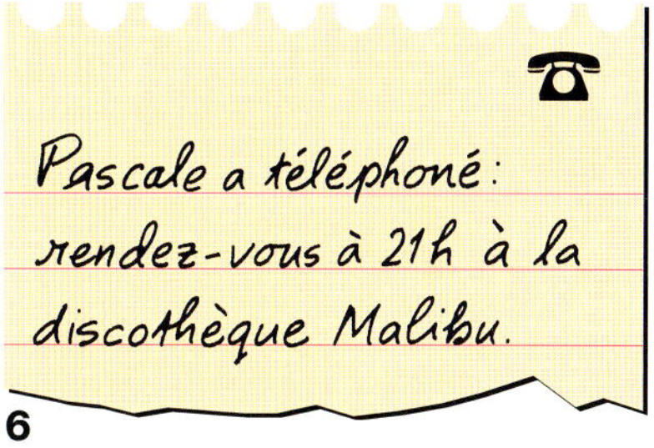

A 10.00 (GARE)
B 21.00 (MALIBU)
C 11.30
D 18.00 (CINEMA)
E 19.00 (CAFE)
F 20.00 (CENTRE SPORTIF)

a Regardez les dessins. Faites correspondre les dessins avec les messages.
Exemple: **Message 1 = D.**

b Regardez les messages et répondez aux questions.
  i   Who would like to meet at the station?
  ii Where will the 6 o'clock meeting take place?
  iii What time should they meet at the café?
  iv Where does Mr Jones want to meet you?
  v   Translate Jean-Claude's message.

Rappel
rendez-vous à. . .
= meeting (place) at. . .

Le sommaire

Objective 1: to ask to speak to someone on the telephone

Je voudrais parler à Monsieur/Madame...	I'd like to speak to Mr/Mrs...
s'il vous plaît	please
C'est de la part de qui?	Who's speaking?
Ici... (name)	It's...
Merci.	Thank you.
Au revoir.	Goodbye.

Objective 2: to identify the caller's name

Ça s'écrit comment?	How do you spell that?

Objective 3: to understand a simple written telephone message

rendez-vous		meeting (place)	
à la gare		at the station	
au restaurant		at the restaurant	
au cinéma		at the cinema	
au centre sportif		at the sports centre	
au café		at the café	
à la discothèque		at the discotheque	
à une heure	at one o'clock (a.m.)	à treize heures	at one o'clock (p.m.)
à deux heures	at two o'clock (a.m.)	à quatorze heures	at two o'clock (p.m.)
à trois heures	at three o'clock (a.m.)	à quinze heures	at three o'clock (p.m.)
à quatre heures	at four o'clock (a.m.)	à seize heures	at four o'clock (p.m.)
à cinq heures	at five o'clock (a.m.)	à dix-sept heures	at five o'clock (p.m.)
à six heures	at six o'clock (a.m.)	à dix-huit heures	at six o'clock (p.m.)
à sept heures	at seven o'clock (a.m.)	à dix-neuf heures	at seven o'clock (p.m.)
à huit heures	at eight o'clock (a.m.)	à vingt heures	at eight o'clock (p.m.)
à neuf heures	at nine o'clock (a.m.)	à vingt et une heures	at nine o'clock (p.m.)
à dix heures	at ten o'clock (a.m.)	à vingt-deux heures	at ten o'clock (p.m.)
à onze heures et demie	at half past eleven (a.m.)	à vingt-trois heures	at eleven o'clock (p.m.)
à midi	at twelve o'clock (midday)	à minuit	at twelve o'clock (midnight)